人文学科青年本土教师职业发展困境与对策研究

葛珺沂 著

中国财富出版社有限公司

图书在版编目（CIP）数据

人文学科青年本土教师职业发展困境与对策研究 / 葛珺沂著. — 北京：中国财富出版社有限公司, 2023.5

ISBN 978-7-5047-7936-6

Ⅰ.①人… Ⅱ.①葛… Ⅲ.①高等学校—青年教师—师资培养—研究—中国 Ⅳ.①G645.12

中国国家版本馆CIP数据核字（2023）第096416号

策划编辑 谷秀莉　**责任编辑** 邢有涛 刘康格　**版权编辑** 李 洋
责任印制 梁 凡　**责任校对** 卓闪闪　**责任发行** 杨 江

出版发行 中国财富出版社有限公司
社　　址 北京市丰台区南四环西路188号5区20楼　**邮政编码** 100070
电　　话 010-52227588 转 2098（发行部）　010-52227588 转 321（总编室）
010-52227566（24小时读者服务）　010-52227588 转 305（质检部）
网　　址 http：//www.cfpress.com.cn　**排　　版** 宝蕾元
经　　销 新华书店　**印　　刷** 北京九州迅驰传媒文化有限公司
书　　号 ISBN 978-7-5047-7936-6/G・0790
开　　本 710mm×1000mm 1/16　**版　　次** 2023年7月第1版
印　　张 12　**印　　次** 2023年7月第1次印刷
字　　数 150千字　**定　　价** 68.00元

前　言

"双一流"建设是新时代国家对于高等教育发展提出的新目标和新要求。"双一流"建设目标的实现，需要依托一支本土教师与海外人才搭配合理的高等教育师资队伍。服务本土的高等教育发展战略和"双一流"建设的中国属性，凸显了高校本土教师队伍的客观重要性。相较于海外人才，本土教师虽然在研究范式、国际视野和海外资源获取等方面存在一定弱势，但他们更加熟悉我国的国情、民情、社情，更了解我国学术运行机制，具有更为深厚的家国情怀以及更丰富的国内人脉资源，是"双一流"建设不可或缺的重要力量。在国家各类海外人才引进工程全面展开、人才评价体制机制存在倾向性、海外人才尤其是外籍人才大量涌入的大背景下，本土教师队伍的生存空间受到一定挤压，集中体现在高校教师招募甄选条件设置、人才政策及项目设计、学术资源分配、考核评价标准制定以及薪酬待遇等人力资源管理各个方面，本土教师群体的职业发展呈现出一定的弱势，与海外人才竞争的自信心和主动性呈现下降趋势。

事实上，随着我国高等教育的快速发展以及教师国际交流活动的日益频繁、交流方式的日益便捷，本土教师和海外人才在国际化方面的差距已经逐渐缩小，单纯学术产出指标甚至还有超越的趋势。换句话说，两者在职业成就等方面呈现出的差异化，很大程度上源于整体外部环境，如不同学科差异化的发展态势、现行本土博士人才培养模式、过于向海外人才倾斜的政策项目顶层设计、高校行政化色彩较浓的人力资源管理体制及工作机制等，而这正是本研究主要关注的内容。本土教师和海外人才都应该是“双一流”建设必不可少的重要力量，都应该纳入同一轨道并获得同样的外部支持，他们之间应该形成良性互动的和谐共生局面，而不是相互角力的对立局面。

同时，随着近年来海外人才数量的不断增加，国家阶段性的人才政策导向亦应及时纠偏，海外人才引进工作应逐渐从规模化向集约化转变，将关注点聚焦于如何通过更加完善的制度和体制机制设计更好地发挥既有海外人才的作用以及实现本土教师和海外人才的优势互补等方面。正如国家关于“双一流”建设指导意见所提出 的，要“坚持引育并举、以育为主，建立健全青年人才蓬勃生长的机制，精准引进活跃于国际学术前沿的海外高层次人才，坚决杜绝片面抢挖‘帽子’人才等短期行为”[①]。这从国家层面明确了两个导向：一个导向是引进人才尤其是引进海外人才要真正贴合实际需求，要精准引进，要坚持长远眼光，要保证质量而不是追求数量；另一个导向是要进一步凸显人才培养的特殊重要性，现阶段人才培养工作的重要性应该被重点关注，前期大规模、集中式引进海外人才的思路和做法应该适当优化调整。

因为人文学科研究具有其自身的特殊性，而且青年教师职业生涯

① 教育部 财政部 国家发展改革委印发《关于高等学校加快“双一流”建设的指导意见》的通知［EB/OL］.（2018-08-08）［2022-11-30］. http://www. moe. gov. cn/srcsite/A22/moe_843/201808/t20180823_345987. html.

初期面临的现实问题更具复杂性，所以人文学科青年本土教师面临的职业发展困境更具代表性。因此，本研究聚焦高校人文学科青年本土教师队伍，通过系统地总结其自身的特殊性并梳理其职业发展现状，分析导致其职业发展通道不畅的原因，结合战略性人力资源管理理论、职业生涯发展理论、教师发展阶段理论有关观点，提出相应的建议，以期能够以点带面，探索高校本土教师的战略突围之路。人文学科青年本土教师自身亦应充分利用中国特色“双一流”建设的有利时机，因势利导，充分发挥本土先发优势，更加积极、主动、自信地参与竞争，与海外人才相互取长补短，和谐共生。本研究所涉及的人文学科，重点指人文基础性学科，主要包括文、史、哲3个研究领域。同时，本研究的预设背景是“双一流”建设的大环境，因此，承担“双一流”建设任务的高校，其师资队伍构成及其中人文学科青年本土教师的发展状况，是本研究的主要着力点。相较于普通高校，“双一流”建设高校获得的外部政策和资源支持较多，学科发展水平相对较高，师资队伍整体状况较好，国际化程度较高，海外人才引进力度也相对较大，因此有值得研究之处。对上述高校的一些典型做法和案例进行研究和分析，能为人文学科处于“双一流”建设边缘的高校提供更多成功经验。

具体落脚到本研究重点关注的3组关系，即人文学科和自然科学、青年教师和高端人才、本土教师和海外人才，高等教育的发展导向和高校“双一流”建设的整体布局急需关注人文学科，急需关注青年教师，急需关注本土教师。但是，在当前行政干预下的政策体系和学术生态环境中，上述3组关系中的双方均呈现出明显的发展不平衡、不匹配、不协调特点。国家和高校需要结合“双一流”建设背景，从3

组关系的弱势方，即人文学科、青年教师、本土教师3个方面着力，结合人文学科青年本土教师知识生产的特殊性和职业生涯初期的阶段性特征，从改变人文学科发展整体弱势、优化本土人才培养模式、调整行政干预的高校人力资源管理体制机制以及塑造符合青年教师职业发展阶段特点的外部生态等方面着力，探求破解人文学科青年本土教师职业发展困境的对策。

本书写作过程中得到了来自各方力量的大力支持，这使本书凝结着集体智慧，在此笔者向所有支持者一并表示感谢。特别感谢中国人民大学人才办刘涛老师，他长期从事本领域研究工作，具有丰富的管理经验，参与撰写本书的第三章和第五章，此外，他还为本书提供了大量的案例支撑，尤其是他对本书整体架构提出的中肯建议，令本书增色不少，但因资助版权要求，未能署名，深为遗憾。还要感谢笔者所在的国家开放大学，正是单位专项给予出版经费，使本书得以顺利出版。

关于本领域的研究，目前仍有需要深化和拓展之处，后续笔者将继续努力探索。

作　者

2023年3月

目 录

1 绪论

1.1 选题意义

本研究关注点为人文学科、青年教师以及本土教师，因此，在研究过程中自然而然地涉及人文学科和自然科学、青年教师和高端人才、本土教师和海外人才3组关系，其中，“本土”这一关键词是本研究的核心。之所以选择该研究方向，主要是基于以下考虑：当下高等教育为本土服务的发展定位、高校“双一流”建设的现实需要、高校本土教师队伍尤其是人文学科青年本土教师队伍的特殊重要性以及面临的职业发展困境。高等教育为本土服务的发展定位和高校“双一流”建设的本土属性，迫切需要本土教师队伍尤其是长期扎根于国内的本土博士教师队伍实现战略突围并发挥重要作用。

在立足本土成为当前高等教育和高校“双一流”建设重要目标导向的情况下，本土教师队伍的特殊重要性和独特优势更加凸显。因此，对于本土教师队伍的特殊重要性是否得到充分重视，本土教师队伍在服务高等教育和高校“双一流”建设过程中的独特优势是否得到充分发挥，本研究将结合相关数据和案例给予论证。同时，本土教师队伍受重视程度不够高和优势发挥不够充分的原因以及如何通过制度设计及体制机制创新来破除上述障碍，也是本研究重点关注的问题。

基于学科差异和个人职业发展阶段不同等因素，本土教师群体内部也存在很大差异。为进一步缩小研究范畴、聚焦研究方向，本研究将重点关注人文学科青年本土教师群体，通过探讨人文学科发展面临的特殊困难和青年教师职业生涯初期面临的多重困境等，以期更清晰地凸显本土教师队伍面临的职业发展困境，并在此基础上追根溯源，寻求破解上述困境的对策。

1.1.1 解决本土现实问题是当前高等教育发展的重要任务

关注本土，向世界传播中国声音、讲述中国故事，是顺应历史发展的必然趋势，已成为新时代我国国家战略的重要内容和实现方式。赵永华在梳理中国对外传播战略时，将其划分为4个特征显著的历史阶段：第一个阶段是20世纪80年代以前，该时期我国的对外传播战略主要是“以我为主”，对于对外传播活动及其产生的效果缺乏关注；第二个阶段是20世纪80年代至90年代，该时期我国的对外传播战略已经开始有意识地关注中外双方的互动交流；第三个阶段是21世纪初，我国的对外传播战略在重视互动交流的基础上，更加有针对性地关注外国文化的特点；第四个阶段是最近几年，我国的对外传播战略是开始组建中外融通的话语体系，主动性、系统化构建、编辑并向海外讲述中国故事。从上述4个阶段来看，作为国家意志和宏观战略导向风向标的我国对外传播战略，明显经历了一个“以我为主—双向交流—本土化操作”的自我修正过程。本土发展需要世界，但同时也只有本土的才是世界的。伴随着我国综合国力的逐渐提高和民族自信的全面增强，我国国家战略总体上呈现出对于本土日益关注的特点。

高等教育是推动国家战略实施的主要力量，高校肩负着人才培养、科学研究、文化传承创新和社会服务等多种职能，这其中，前三项职能归根结底都需要落实到社会服务中，因为只有服务社会才能培养出真正符合社会需要的人才，才能真正找到社会急需且具有现实意义的课题进行研究并提出解决方案，才能真正实现文化传承与创新。因此，高校要在服务国家战略中发挥更大作用，必须着眼于本土，解决本土现实问题，积极落实社会服务职能。习近平总书记在全国高校思想政治工作会议上明确指出我国高等教育发展必须坚持“四个服务”：为人民服务，为中国共产党治国理政服务，为巩固和发展中国特色社会主义制度服务，为改革开放和社会主义现代化建设服务。[①] “四个服务”的论述明确了新时代高等教育必须立足本土、服务国家的重要使命，为我国高等教育发展作出了明确定位，并指明了前进的方向。但在具体实践过程中，我国高等教育发展还存在着走本土化道路自信心不足、盲目追求国际化等问题，呈现出太多的输入性特征。换句话说，此前中国高等教育的发展在很大程度上是通过引入国际优质高等教育资源，包括人才资源、课程资源以及制度资源等实现的，对西方学术秩序和学术体系表现出较强的依附性。举个简单的例子，目前很多高校将发表SCI（Science Citation Index）、SSCI（Social Science Citation Index）收录的期刊论文作为教师绩效考核和职务晋升的重要指标，事实上，SCI、SSCI只是西方常用的学术检索系统，是西方学者从事学术研究的副产品。

高等教育的繁荣不是单靠撰写论文就能实现的，而是在不断适

① 习近平．在全国高校思想政治工作会议上的重要讲话［N］．人民日报，2016-12-09.

应社会发展需要、解决现实问题中逐渐形成的。高校教师开展学术研究，应该以解决国家政治、经济和社会发展过程中产生的实际问题为基础，更加强调学术研究的实用性和可操作性。但是，在当前考核评价体系过于追求科研成果的“国际化”和“数量化”的背景下，相当数量的青年教师从微观角度开展模型化研究，以便于文章发表，在解决实际问题方面贡献度并不高。事实上，围绕本土开展研究，同样可以取得具有国际影响力的成果。例如，位居中国人才金字塔顶端的“长江学者”特聘教授群体，他们中的绝大多数将研究方向聚焦于本土、聚焦于国家战略导向，这种选择体现了家国情怀，也向青年教师展示了本土研究的魅力——本土研究照样可以出成果，照样可以涵育大师，照样可以影响世界。据统计，在2004—2014年（该时间段为国家引进海外人才工作力度最大的时间段），国家共计遴选产生了299位人文社会科学领域“长江学者”特聘教授，上述人员中有234位在境内完成了自己的本科和研究生（含硕士和博士）学位教育，占入选总人数的78%。所有入选者中有263位将研究选题确定为中国问题研究，占比高达88%。[①]例如，华中师范大学徐勇教授长期致力于中国农村基层民主政治研究，北京大学陈兴良教授一直探索具有中国特色的刑法学道路，中国人民大学王利明教授一直深耕中国民事立法等。不仅如此，上述“长江学者”特聘教授入选者中有65位具有海外学业背景，但其中有50位选择将研究方向聚焦于中国现实，如拥有斯坦福大学博士学位的北京大学蔡洪滨教授，始终致力于经济学基本范式与中国极具个性化的经济实

① 张学见．文科长江学者群体特征简论［J］．江汉论坛，2016（10）．

践相结合的研究。海外归来的人文社会科学“长江学者”特聘教授，不断将西方先进的研究方法带入中国，在对中国当前的研究进行空白填补和丰富的过程中，从中国特色化的具体实践里汲取了很多鲜活的“养分”，进而深化和拓展了自己的研究维度。他们在实际操作中的具体做法是有效融入中国研究，将西方研究中的先进之处带入中国，对中国当前的研究进行空白填补和丰富，而不是根本性替换。

1.1.2　立足本土是高校推进“双一流”建设的重要路径

高等教育是知识创造的源泉和高水平人才培养的摇篮，世界一流大学则代表着世界高等教育的最高水平。随着我国经济社会发展进入新阶段，我国高等教育培养的人才总量持续高速增长，在世界高等教育总体规模中的占比已经超过20%，而且这个数据还有上升趋势。据教育部发布的统计数据，2018年我国普通本专科共招生790.99万人，比2017年增长3.87%；共招收研究生85.80万人，比2017年增长6.43%；共有普通本专科在校生2831.03万人，比2017年增长2.81%；共有在学研究生273.13万人，比2017年增长3.47%，其中，在学博士生38.95万人，在学硕士研究生234.17万人，①我国已经成为名副其实的高等教育大国。但在招生规模迅速扩张的同时，我国难以避免地产生了扩招过快导致高等教育水平急剧下降、大量扩招专业未能体现劳动力市场需求的问题。基于此，2015年10月，国家启动实施了高校“双一流”建设工程，旨在加速建设一批具有国际重大影响力的一流高校和一流学科，实现高等教育内涵式发展。“双一流”建设战略是我国新时期高等

① 2019年2月26日教育部第四场教育新春发布会，发布2018年全国教育事业发展基本情况。

教育工作的重大战略布局，它与此前国家重点推进的以“985工程”和“211工程”为代表的高校“扶优”建设思路存在显著区别，将对重点高校的固定化支持转变为更加聚焦于学科建设的动态化支持，为非一流高校一流学科建设及所在学科的教师发展提供了新的发展机遇，对提升我国教育水平，促进经济社会全面、快速发展具有深远影响。

我国独特的历史文化和现实国情，决定了我国必须走具有中国特色的高等教育发展之路，必须扎根于中国本土建设世界一流大学。正如习近平总书记所说，“着力构建中国特色哲学社会科学，在指导思想、学科体系、学术体系、话语体系等方面充分体现中国特色、中国风格、中国气派”。[①]高等教育的使命首先应该是服务于国家和民族发展的战略需求，只有当高校的人才培养和科学研究职能与国家和民族的发展趋势高度相关时，才有可能建成具有中国特色、中国风格、中国气派的世界一流大学。正如陈平原先生所言，“如果有一天，我们把北大改造成为在西方学界广受好评、拥有若干诺贝尔奖获得者，但与当代中国政治、经济、文化、思想进程无关，那绝对不值得庆贺”[②]。美国高等教育飞速发展的过程也强烈佐证了上述观点，美国只用了不到一百年的时间就超越了德国而成为世界一流大学的主要聚集地，其根本原因不仅在于它充分汲取了德、英等国高等教育发展的经验，更在于它将上述经验与自身地域特征、文化传统、社会政治结构和大学建设定位进行了有机结合，交叉衍生出了多样化、特色化、差异化的发展道路。例如，哈佛大学倡导的“通识教育”，麻省理工学

① 习近平：在哲学社会科学工作座谈会上的讲话［EB/OL］.（2016-05-18）［2022-12-17］. http://www. xinhuanet. com/politics/2016-05/18/c_1118891128_4. htm.

② 陈平原. 内地/香港互参：中国大学的独立与自信［J］. 探索与争鸣，2014（9）.

院坚持的“工程教育”，斯坦福大学实行的“教学活动、科研成果与工业园互动”等理念，不但鲜明地体现出大学自身的学科个性和办学特色，而且明确回应了社会现实需求，有效实现了满足社会需要与建成世界一流大学的双赢目标。我国高校发展的历史底蕴相对不足，若想在短期内实现学术上的跨越式发展，必须有因地制宜的学科布局和极具自身特色的战略选择，通过扎根于本土制度环境，探索出一套行之有效的一流大学和一流学科建设模式，而不能不做区分地全盘照抄、照搬欧美模式。

“双一流”建设以服务国家发展战略为根本使命，一方面，要培养和造就一批高层次创新型人才。为社会各界培养与学校学术地位相匹配的精英和领袖，是一流大学当仁不让的选择。例如，哈佛大学、耶鲁大学、斯坦福大学、麻省理工学院与康奈尔大学等都是享誉世界的一流研究型大学，它们培养出了一代又一代具有创新精神的领导者和优秀人才。“双一流”建设，要全面落实党的伟大精神和全国教育大会精神，坚持立德树人，努力为国家经济、社会发展着力培育德智体美劳全面发展的社会主义建设者和接班人。另一方面，要增强国家创新发展能力和核心竞争力。在世界范围内得到普遍认可的一流大学，其建立的最终目的和持续发展的动力无一不来自本国政治、经济、社会和文化发展的现实需要。总结来说，“双一流”建设既要在关键核心技术领域实现创新突破，同时也要着力于国家现实需求并提出解决方案，而不是毫无意义地去追求在各类大学排行榜中靠前的位次抑或过度追求在国际期刊上发表文章的数量。

总体而言，世界一流大学和一流学科的形成基本可以归纳为两种路径：一种靠自发演化生成，强调组织自我进化、自我修复、自我适应的能力；另一种由人为短期设计而来，强调有为的建设主体和科学合理的制度供给。对于后发型国家而言，第二种发展路径更切实可行，也更具吸引力，可以通过制度创新在短期内加速世界一流大学和一流学科建设。基于此，作为中国高等教育领域的排头兵，北京大学在“双一流”建设实施方案中明确将“中国特色、世界一流”作为实施原则；清华大学也提出为实施“四个全面”战略布局、实现“第一个百年”奋斗目标作出突出贡献的建设思路。

国家“双一流”建设方案充分体现了中国特色，诠释了中国属性。“双一流”建设的出发点以及党和国家对于“双一流”建设的期许，是建设有中国特色的“双一流”，是建设基于中国国情的满足中国发展实际需求的“双一流”，是在积聚强大道路自信和文化自信的基础上跳出欧美模式、建设拥有一整套自己的客观评价标准的“双一流”。然而，当前国内高校在“双一流”建设过程中却表现出重海外人才轻本土教师、重自然科学轻人文学科、重实际应用轻基础研究、重成果数量轻成果质量等不符合人才职业发展规律的导向，如不加以纠偏，将会给“双一流”建设带来十分严重的负面影响。

1.1.3 本土教师队伍是高校“双一流”建设的重要力量

本土教师队伍和海外人才队伍是高校师资队伍的两个重要组成部分，也是实现“双一流”建设目标的核心力量。虽然关于两者的定义很多，但都聚焦于是否接受过系统化的、达到特定时间要求的海外学术训练（之后“概念的厘定”部分将对此进行详细论述）。海外人才接受过专业化、系统化的海外学术训练，具有熟悉国际前沿领域、研究视角广阔、研究方法先进、外语使用娴熟及海外资源丰富等特点，因此，在职业生涯初期，在现行考核评价体系下，他们在职称评定、薪酬待遇、参加国际会议和成果海外发表等方面比本土教师更具竞争力，取得了先发优势。但其实本土教师无须妄自菲薄，在与海外人才直接竞争中，本土教师也有自身的优势。第一，熟悉国情、社情和民情，在本土教学方面具有得天独厚的优势。海外人才在教学工作中存在着偏重理论模型、现实案例素材不足的情况，课程教学不够生动、吸引力不强，在取得教学成效前需要一段酝酿期或个人适应期。而具有教学先发优势、作为教学主力的本土教师，更熟悉国情、社情和民情，在本土教学方面具有得天独厚的优势。但是，在高校绩效考核政策和日益加大的科研成果绩效差距驱动下，本土教师不得不将更多精力分配在科研工作上，从而导致教学投入减少、教学质量降低，进而影响了高校正常的教学秩序。换句话说，片面重视引进海外人才和政策过度倾向于海外人才而忽视本土教师，很容易导致教学“真空地带”的出现，进而影响高校最根本的人才培养职能。第二，本土教师工作上手快，更容易胜任岗位并发挥作用。本土教师不像海外人才那样引进成本高、培养周期长，在教学科研过程中具有到位快、进入角色快的优势。第三，本土教师潜力巨大，可塑性强。适度的政策调整和激励引导，可以改变本土教师潜能闲置问题，充分发挥他们的作用。第四，稳定性强。本土教师的社会关系和居住地都在本土，因此相较于海外人才来说，他们更加稳定。

从具体数据来看，虽然国内顶尖高校近年来引进海外人才的比例大幅增加，但本土教师在国内知名高校教职竞争中仍具有很强的竞争力。以北京大学和清华大学为例，本土博士在北大、清华新任教师中所占比例最大，约为51.9%。其中，北大新任教师中约有178名拥有本土博士学历（占49.4%），清华新任教师中约有235名拥有本土博士学历（占52.2%）。[①]随着国家和高校对于教师国际化水平的日益重视以及海外交流方式的日益丰富，本土教师接受系统化海外训练的方式和途径越来越多，本土教师国际化水平弱势的弥补已经不再是难题，事实上，本土教师和海外人才在国际化程度方面的差距不断缩小。需要注意的是，上述分析只针对具有较强海外人才吸纳能力的精英高校，我国高等教育存在着区域发展不平衡、校际发展不平衡、结构发展不平衡等突出问题，现有高校体系中的大部分仍是层次不高、类型不同的地方院校，它们吸纳海外人才的能力相对欠缺，所以从全国范围来说，本土教师仍然占据而且将长期占据教师队伍中的大多数，是“双一流”建设过程中的主要力量。

在本土人才和海外人才的关系问题上，龙永图先生曾指出，海外人才的重要性在于他们为海内外架起了一道互联互通的桥梁，他们比本土人才更守规矩、更懂道德、更具竞争意识；而本土人才的重要性在于他们更熟悉中国国情和发展现状，更能在本土化建设中贡献力量。本土人才和海外人才在社会主义建设中同等重要，应当各取所长，优势互补。虽然龙永图先生的评论并非完全针对高校内部的两支教师队伍，但仍具有很强的借鉴意义。在“双一流”建设过程中，本土教师和海外人才两支队伍同等重要，不可或缺，不可偏废。从某种程度上讲，作为本土培养出来的博士，本土教师更能直接反映我国高等教育发展的实际水

---

① 李潇潇，左玥，沈文钦．谁获得了精英大学的教职——基于北大、清华2011—2017年新任教师的履历分析［J］．中国高教研究，2018（8）．

上述人员虽然属于本土博士，但绝大多数都在本土博士毕业后有过海外博士后或者国际合作交流等相对完整的海外经历，严格来讲并不属于本研究特指的本土教师。

平。高校的根本职能亦是首要职能，应该是培养一流人才，只有高校培养出来的人才能够在国际大舞台上公平、公正地参与竞争并且被充分认可，才能真正说明高校达到或者具备了成为世界一流高校的前提。换句话说，本土高校培养出来的本土博士在国际舞台上被认可的程度，是衡量本土高校综合实力水平的一项重要指标。

因此，如何优化本土教师和海外人才两支队伍的比例关系，有效推进二者的交叉融合并使二者产生良性的化学反应，是“双一流”建设的核心环节。规模适度、梯次合理地开展海外人才引进工作，对于活跃高校内部研究氛围、正向刺激本土教师的竞争意识具有良好的推动作用。但短期内集中式、忽略学科结构式的大规模海外人才引进，不但不利于高校教师队伍健康、稳定、良性发展，而且会对本土教师产生负面的挤出效应。孙早和刘坤在研究中指出，海外人才对本土教师是产生正向的竞争作用还是负面的挤出效应，关键在于本土教师在不同细分领域的人力资本积累程度。①对于人力资本积累已经达到一定水平的高校和学科，如“双一流”建设高校的一流建设学科来说，本土教师已经具有了相当高的研究水平和相当深厚的研究底蕴，适度引进海外人才之后，双方在相互沟通交流和融合中能够各取所需，形成团队合作，实现“1+1 > 2”的正向竞争效果。反之，对于人力资本积累水平相对较低的非重点高校或者非重点学科而言，海外人才的大量引入，会凭借其自身在科研产出等方面的强大优势，大量挤占本土教师的学术资源，拉大教师队伍内部的科研绩效差距，打击本土教师

① 孙早，刘坤. 海归人才促进还是抑制了本土人才水平的提高？——来自中国高等学校的经验证据［J］. 经济科学，2014（1）.

的工作积极性和自信心，甚至抢占本土教师的工作机会。

"双一流"建设目标的实现，需要依托一支高水平的师资队伍，建设高水平的师资队伍可以通过两种方式：其一是大规模的人才引进，该方式具有短期见效的特点，但效果持久性与否有待验证；其二是自身内部挖潜，对现有人才进行培养开发，该方式具有长久效果，但是是一项系统工程，需长期坚持。经过十余年集中式、大规模的海外人才引进，我国的海外人才储备明显增加，教师队伍的国际化程度显著改善，但海外人才作用的整体发挥情况，需要有一个全面的阶段性评估。伴随着国内外发展环境的逐渐变化，我国人才政策也应该适时优化调整，人才政策不应当只是人才引进的政策，人才培养的相关政策也不能缺位。海外人才引进具有必要性，但并不一定能解决当前中国面临的所有问题，因此应该因时、因势、因地量力而行。尤其是在高等教育发展已经呈现服务本土导向的情况下，我国需要一批熟悉国情、民情、社情，能真正为我国政治、经济、社会和文化发展提出具体可行的宏观发展建议的优秀人才，而这恰恰是本土教师的优势。海外人才对国内实际情况不如本土教师那样熟悉，其研究范式和研究切口大都聚焦于微观领域，运用西方研究范式研究中国问题，在解决我国发展过程中实际面临的问题方面贡献度有待进一步提升。

1.1.4 本土教师职业发展面临来自外部环境的较大冲击

我国高等教育区域发展不平衡问题较为突出，区域发展水平差距较大。就"双一流"建设目标的实现来说，发挥主力军作用的仍将是纳入"双一流"建设范畴的高校。本研究的预设背景是"双一流"建设的大环境，因此，"双一流"建设高校的师资队伍构成和其中人文学科青年本土教师的职业发展状况是本研究的主要着力点。相较于普通高校，“双一流”建设高校的学科发展水平相对较高，师资队伍整体状况相对较好，国际化程度相对较高，海外人才引进力度也相对较大，因此有其值得研究之处。作为中国高等教育旗帜的北京大学和清华大学，其近年来在师资队伍补充方面也明显呈现出海外人才重于本土人才的特点。前文已经提到，作为国内精英高校的杰出代表，虽然两所高校在本土博士选留和海外博士选留方面比例旗鼓相当，但如果将接受过专业化、系统化海外培训作为海外人才的定义标准，则其中八成左右的教师都属于海外人才。换句话说，本土博士毕业后无海外博士后或者海外交流经历而直接申请获得教职的，微乎其微。更需要重视的是，这种优先招聘海外人才的倾向已经在不知不觉间渗透到了大多数高校师资队伍建设过程中，高校尤其是肩负国家高等教育“双一流”建设重任的精英高校，正在把海外经历尤其是海外博士经历作为师资引进的一项基本条件，这无疑挤压了本土博士的生存和成长空间（具体数据和案例将在之后的章节详细介绍）。

海外人才引进之所以能够形成规模效应，一方面是因为本土教师在很多国际化指标上确实与海外人才存在一定差距；另一方面与国家相关政策引导有很大关系。进入21世纪尤其是2008年以来，基于国内海外人才比例过低的现实情况和全面提升国际化水平的实际需要，从国家层面到地方和高校层面，相关政策导向开始全方位向海外人才倾斜，一系列海外引才计划相继出台，例如，为项目入选者提供高额的薪酬待遇和充足的科研启动经费，在落户、住房、税收及医疗保障政策等方面为海外人才开辟绿色通道等。各省、市层面的海外人才引进计划如雨后春笋般集中出现。据不完全统计，截至2018年，我国国家层面和省级层面推出的人才计划分别达84个和639个，市县层面推出的人才计划更是数不胜数，这其中绝大多数将海外人才作为招募和支持的首要对象。在上述战略的引导下，我国高校尤其是“双一流”建设高校通过实施人才强校战略，引入了一大批中青年教师，以此充实本校教师队伍，这其中绝大部分为海外人才，高校教师队伍中，中青年海外人才数量显著增多。受此导向影响，部分高校为实现短期内加速扩充教师队伍的目标以及在学科评估中取得跨越式发展，在并没有认真研究所在学科实际需要和人才梯队构成的情况下，无视人才成长规律和团队适应性，盲目争抢海外人才和获得各类国家级人才头衔的“帽子”人才，并在经费投入和政策支持上集中性地向海外人才倾斜。

在大规模引进海外人才的同时，国家各级各类人才项目、科研基金、课题申报和评审的“游戏规则”也更多地纳入了国际期刊论文发表等有利于海外人才的指标要素，诸多项目的评审专家库也逐渐更新为新入选各类高端人才项目的海外高层次人才，加之我国高校目前关于教师选聘及评价的标准体系还不健全、不完善，人才评价尚存“重科研轻教学、重称号轻实绩”等现象，因此，海外人才凭借其专业、系统的海外学术训练，以及丰富的海外资源、得天独厚的语言优势，在国际期刊论文发表方面积累了极大的优势，在高校教师岗位竞争中占据主动权，成为一段时期国内高校优先选择的对象。与之相对，高校本土教师尤其是人文学科青年本土教师在竞争中日益呈现“弱势化”趋势，面临一系列的职业发展困境，即在自身核心竞争力有待增强以及外部环境不利等因素的综合作用下，呈现出发展空间受挤压、生存状态日益下降、工作和生活满意度降低、社会公平感缺失、工作积极性不高等状态。

现有政策体系设计和“游戏规则”过于倾向海外人才，加之本土教师对海内外人才竞争的激烈程度预估不足，本土教师和海外人才在政策支持和资源获取等方面的“马太效应”逐步显现，本土教师的竞争话语权和竞争自信心呈现出一定程度的降低特点，这在其他学者的研究中也得到了充分印证。比如，孟晓娟通过研究指出，在海外人才大规模引进的过程中，相关政府部门参考国际人才流动标准制定并实施了一系列优厚的政策措施，上述政策措施过多地用于支持海外引进人才，自然会导致相应层次的本土教师产生不公平感。加之海外人才和本土教师在价值观和认知方式等方面原本就存在巨大差异，所以双方很容易产生敌对情绪。①再如，司江伟等从共生理论和共生效应角度出发，对构建本土教师和海外人才和谐共生机制的可能性展开了研究，他们认为，本土教师和海外人才问题的根源在于政策分配失衡，他们建议通过改善遴选评价机制、建设人才特区、开展分类评价、强化激励和合作机制等措施来实现本土教师与海外人才的和谐共生。②

1.2 概念的厘定

本研究确定的三个关键词中，居于核心位置的是“本土”。之所以在研究对象中选择性地添加“人文学科”和“青年教师”这两个限定词，只是为了更深入、更有代表性地研究“本土”，重点基于以下几个方面

① 孟晓娟. 海外引进人才与本土人才协调发展机制研究［D］. 青岛：中国石油大学（华东），2013.

② 司江伟，孟晓娟. 海外人才与本土人才的协调共生机制构建探索［J］. 当代经济管理，2012（8）.

考虑：人文学科研究是高等教育服务本土的重要内容、主要范式和核心推动力量，而青年教师队伍是高校本土教师队伍至关重要的组成部分，两者自身的特殊性和重要性构成了选择它们作为限定词的客观必然性。此外，本土教师队伍内部也存在着结构性问题，如发展严重不平衡，不同层次群体的职业发展状况有着很大差别：从横向层面上看，与可以直接创造显性社会价值的国际通用学科（如自然科学）相比，人文学科本土教师面临的职业发展困境更严重；从纵向层面上看，与已经获得各种国字号人才头衔的高端人才相比，青年教师面临的职业发展困境更严重。因此，作为二者的结合体，人文学科青年本土教师呈现出来的职业发展困境更加具有代表性，更加值得关注和研究。

对于上述三个概念的厘定，笔者先从居于核心位置的“本土”开始。本土的概念是相对于海外而言的。在界定“本土”概念之前，首先要明确区分两个概念，即“海外人才”和“海外博士”。很显然，两者都接受过专业化、系统化的海外训练，只是训练方式可能有所不同。但具体到本研究中，“海外博士”只是“海外人才”队伍的构成部分，“海外人才”也包含本土博士毕业之后赴海外进行专业化、系统化学术训练的人才群体，这完全有别于“海外博士”，因此不能将引进“海外人才”简单地理解为引进“海外博士”。袁凤凤在其研究中给出了青年海归教师的定义，“在中国以外的国家或地区留学并获得博士学位，年龄在35周岁以下、回国5年之内，目前在中国的公立高校内从事教学研究工作的非外籍全职教师”。[①]借鉴她的定

① 袁凤凤. 高校青年海归教师对中国现行学术体制的适应研究［D］. 上海：华东师范大学，2014.

义模式，笔者尝试着对青年本土教师进行相应定义，即青年本土教师是在国内出生并接受国内教育（年龄限制在下一段中具体说明），在国内高等院校或科研机构获得博士学位，毕业之后留校任教或与境内其他高等院校签订聘任协议，担任讲师或助理教授的人群。

对于本研究所涉及的人文学科，笔者更倾向于使用它狭义范畴上的概念，换句话说，本研究重点关注其中的基础理论研究类人文学科，即常说的文、史、哲3个领域的学科。为了保证研究更加聚焦，以及对学术成果进行评价的特殊需要，本研究暂未将艺术学和外国语言文学等学科纳入研究范畴。但事实上，本研究所列出的职业发展困境，上述学科的青年教师同样适用。同时，学界在青年教师年龄界定标准方面有很多观点，整体上大致可以分为两类，一类是以学者参加工作的年限为依据，另一类是以学者的实际生理年龄为依据。根据参加工作的年限来界定青年教师概念，是美国学者的通用做法，如Jarvis将参加工作6年作为青年教师和中年教师的分水岭[①]，也有其他学者将年限标准定为7年；Fink将接受完学历教育之后首次在高校开始教学科研工作作为界定青年教师的标准。[②]国内学者则更加认同通过实际生理年龄来界定青年教师的方式，目前相对官方的标准一般是40周岁，这主要是基于目前各类人才项目和出国交流项目文件对于青年教师的界定标准给出的。青年教师的年龄标准因学科差异也存在很大差别，以国家各类人才项目申报条

①JARVIS D K. Junior faculty development: a handbook [M]. New York: Modern Language Association of America, 1991.

②FINK L D. The first year of college teaching [M]. San Francisco: New Directions for Teaching and Learning, 1984.

件为例，自然科学类青年人才项目的申报年龄一般控制在35周岁，而人文社会科学类项目的申报年龄一般控制在40周岁以下。本着充分尊重当前官方标准的原则，结合本研究重点关注人文学科的实际需要，本研究将研究对象的年龄限定在40周岁以下。

高校间的情况千差万别，国家重点支持的“双一流”建设高校和未纳入“双一流”建设范畴、水平相对一般的高校存在着显著差异。考虑到本研究的整体背景是“双一流”建设，研究目的是通过加速人文学科青年本土教师职业发展来推进人文学科“双一流”建设，因此，为了保证研究的典型性、针对性和研究样本数据的适用性、准确性，本研究重点选择人文学科实力相对较强的几所“双一流”建设高校作为目标对象，同时引入一些发展水平相对一般的非“双一流”建设高校进行横向比较，从而便于找出导致人文学科青年本土教师职业发展困境的根源并提出破解对策。所选的几所“双一流”高校平台起点都比较高，师资规模比较大，学术资源比较丰富，师资力量比较雄厚，本土教师和海外人才数量都经过了较长时间的积累，尤其是21世纪以来，上述高校引进的海外人才呈现大规模增长趋势，与学校原有的本土教师形成了相对平衡、稳定的竞争局面，有其值得研究之处。

综上，笔者在对本土教师和海外人才研究成果进行梳理的过程中提炼了本土教师的概念，同时融合人文学科和高校青年教师概念进行相关研究，最后给出本研究研究对象的定义，即本研究涉及的人文学科青年本土教师是指年龄在40周岁以下，在我国境内出生并接受高等教育，在境内高校或科研机构获得博士学位后，进入境内高校人文学科专业领域，从事第一次教学与科研工作的中国籍教师。

1.3 研究方法

1.3.1 文献研究法

本研究重点关注战略性人力资源管理理论、职业生涯发展理论以及教师发展阶段理论，对上述理论的相关研究成果进行了详细的文献收集和梳理工作，以增加研究的理论深度和知识厚度。同时，笔者重点聚焦职业发展困境有关研究，通过研读相关研究文献，为本研究架构设计提供参考。在研究对象上，笔者重点围绕本研究涉及的三个重要关键词——人文学科、青年教师、本土教师，对涉及上述三大方面特征的文献进行全面整理和系统整合，以期能够更加精确地定义本研究目标对象。在此基础上，通过将研究对象的特殊性与职业发展困境的一般研究相结合，并结合笔者实践工作中的所见、所闻和所感，从各个层面归纳出目标群体面临的职业发展困境，在此基础上分析职业困境产生的根源并有针对性地提出对策。

1.3.2 深度访谈法

本研究聚焦高校人文学科青年本土教师群体，分析其职业发展过程中面临的现实困境，并在归纳困境产生根源的基础上提出相应的对策。为了保证研究的代表性、典型性和实证性，本研究选取了部分人文学科发展水平相对较高的“双一流”高校，对其人文学科领域的青年人才（既包括本土教师也包括海外人才）进行了深度个人访谈。同时，为保证研究的客观性，本研究还将部分人文学科青年本土教师所在单位人才工作负责人、作为竞争对象的高端人才等纳入沟通交流的对象范畴，倾听来自各方的声音，更好地了解目标对象职业发展过程中的相关情况。

1.3.3 案例研究法

笔者多年来长期关注高校人力资源管理尤其是人才管理，参与过相关引才项目的申报和管理工作，在工作过程中得到了很多感性认识，积累了丰富的研究素材，同时也形成了不少有关项目设计与管理的理论思考。同时，笔者还充分利用工作便利，与本研究涉及的很多青年教师保持着长期联系和沟通，见证了其较长时间内职业发展的全过程，这些都将为本研究的顺利开展提供便利条件。

1.3.4 比较分析法

为更加凸显人文学科青年本土教师这一目标对象的特殊性，本研究引入自然科学、高端人才以及海外人才三组概念，作为本研究目标群体的比较对象。在研究中通过比较分析，进一步凸显人文学科青年本土教师在职业发展过程中面临的现实困境。在此基础上，结合比较对象的特点，归纳、梳理上述现实困境产生的原因并相应地提出对策建议。

1.4 研究结构

本研究共分5章，每个章节的内容安排具体如下：

第1章，主要介绍选题背景，从当下服务本土的高等教育发展定位、高校“双一流”建设的现实需要、高校本土教师队伍尤其是人文学科青年本土教师队伍的重要性以及他们当前面临的职业发展困境的实际情况4个方面，介绍本研究关注本土教师队伍的原因，并对研究对象涉及的“本土”“人文学科”和“青年”三组概念进行阐释，同时介绍本研究使用的研究方法和研究思路。

第2章，在分析本土教师队伍重要性的基础上，进一步聚焦人文学科青年本土教师队伍职业发展研究相关依据，具体包括理论基础和文献综述两个部分。其中，理论基础部分具体包括对战略性人力资源管理理论、职业生涯发展理论以及教师发展阶段理论的阐述，以及基于上述理论本研究的重要价值。文献综述部分从高校教师职业发展困境研究、本土教师和海外人才关系研究、高校本土教师国际化研究以及高校青年教师开发研究4个方面，整理和评述了与本研究相关的文献。

第3章，以笔者长期以来对多所“双一流”建设高校相关政策信息的收集，以及对相关高校人力资源管理从业者及代表性教师的深度访谈为基础，针对当前人才工作中“重海外轻本土”“重高端轻青年”“重自然科学轻人文学科”“重引进轻培养”等问题，从人力资源管理过程中人才招募甄选、考核评价、资源配置以及发展激励等方面，对人文学科青年本土教师面临的职业发展困境进行全方位“扫描”，并对上述困境所带来的青年教师流失、心理压力过大以及人文学科内涵式发展受阻等负面影响进行系统阐述。

第4章，基于人文学科青年本土教师面临的职业发展困境及其带来的消极影响，从当前人文学科发展整体弱势化、本土博士人才培养模式现存问题、人文学科发展和教师成长需要特殊的内生机制、青年教师职业发展初期需要特殊的支撑条件以及高校人力资源管理体制受到行政化干预等方面入手，进一步分析人文学科青年本土教师面临成长困境的制度根源，以期为解决人文学科青年本土教师职业发展问题提供对策建议。

第5章，结合人文学科青年本土教师职业发展困境有关制度根源的分析，有针对性地从以下几个方面，如从战略高度定位人文学科的重要性、优化本土博士人才培养模式、构建基于人文学科青年本土教师特点的人力资源管理体制、营造支撑人文学科青年本土教师职业发展的外部生态以及用好用活博士后制度等，提出破解人文学科青年本土教师职业发展困境的对策建议。

2 理论基础与文献综述

高等教育是培养高素质人才和增强民族创新能力的基础，而高校教师是高校科学研究的主要承担者、人才培养的具体实施者、社会服务的建言献策者以及文化传承创新的责任担当者，是高等教育事业繁荣发展过程中的中流砥柱。强国必先强教，强教必贵师而重傅。当今世界，知识积累和高素质人才培养愈发重要，高校教师的地位和作用愈加凸显。在高等教育“四个服务”和高校“双一流”建设整体战略背景下，高校教师成为上述战略目标实现过程中需要重点依托的战略性人力资源，其职业发展状况及培养开发程度直接关系着我国强国复兴战略的整体推进。从教育哲学的视角来看，教师的职业发展作为一项事业和研究领域，首先是实现教师的学术发展、教学发展，继而才是实现职业发展，而最终目标是实现“人”的全面发展。作为“人”的高校教师，有其自身特殊的发展需求，在其职业生涯的不同阶段和不同的工作环境中，高校教师需要逐步满足和实现自己的需求。

2.1 理论基础

本研究依托的理论基础主要包括战略性人力资源管理理论、职业生涯发展理论以及教师发展阶段理论。其中，战略性人力资源管理理论为本研究搭建了整体框架，高等教育对于本土的关注和“双一流”建设战略的实施及其形成的外部环境，要求高校形成与之相适应的人力资源管理政策，落实到本研究中，即形成有针对性的师资队伍建设和管理政策、制度设计；同时，高校人力资源管理政策的各个环节也应当保持内在一致性，如招募甄选、考核评价、资源配置和发展激励等，都应当围绕“双一流”建设目标的实现来进行制度设计和体制机制设计。职业生涯发展理论和教师发展阶段理论为本研究提供了理论支撑和研究思路。例如，职业生涯发展理论中的职业选择理论指出具有不同职业兴趣的个体在职业选择上有很大差异（如人文学科教师和自然科学教师），这启示高校需要结合不同教师群体的职业兴趣，提供符合其自身特点的职业环境，这样才能保证高校教师获得更高的工作满意度和更大的职业成就感，保证其职业生涯发展顺畅。此外，职业生涯发展理论中的阶段理论和教师发展阶段理论在纵向层面上为本研究提供了理论基础，高校教师在不同的职业发展阶段（如青年教师所处的职业生涯初期阶段）具有不同的心理特质和实际需求，高校需结合其不同阶段的心理特质和实际需求进行有针对性的职业开发。

以下分别对上述理论及其对本研究带来的启示进行系统阐述。

2.1.1 战略性人力资源管理理论

战略性人力资源管理理论的相关研究起步于20世纪80年代。当时，在行业内部竞争加剧以及严重的资源约束下，美国一些企业开始通过挖掘自身内部的各种资源来寻求竞争优势，同时希望企业内部的各项管理职能都可以创造价值。恰好，美国管理学界对于组织战略管理的研究也表现出极大热情，比如，Miles和Snow进行的战略理论和战略分类研究，以及Michael E. Porter开展的以“三大战略”“五力分析模型”及“价值链理论”为代表的竞争战略研究等。战略研究导向使企业内部各个管理环节和管理模块开始认真思考它们存在于企业的意义、价值以及它们应该在企业中扮演的角色，进而希望能被整合在企业的战略性管理范畴中，这其中就包括人力资源管理模块。由此，战略性人力资源管理逐渐走向前台并成为学界研究热点。

战略性人力资源管理理论的提出，把传统的人力资源管理从微观研究转向宏观研究和战略研究。虽然不同学者从多个角度对战略性人力资源管理进行过概念界定，但核心观点基本一致，即他们都认为人力资源是组织的重要战略资产以及获得竞争优势的关键资源，指出如果能充分落实组织战略，对人力资源管理模块的各个环节进行优化，将有效提升组织绩效，并推动组织战略得以落实。战略性人力资源管理理论自提出以来，学界对该理论及其实证进行了诸多阐述，但综合来看，围绕其的研究主要集中于概念和理论基础的研究以及与组织绩效之间的关系研究两个视角。

2.1.1.1 关于战略性人力资源管理概念的研究

早期的战略性人力资源管理研究主要从控制论和行为主义视角切入，但20世纪80年代以后，战略性人力资源管理在理论上的发展在很大程度上是基于以资源为基础的观点的。

Fombrun、Tichy和Devanna最早提出了战略性人力资源管理概念，他们通过一张图（见图2-1）形象地阐释了战略性人力资源管理研究的基本框架。他们认为，政治环境、经济环境、文化环境和技术环境共同构成了企业发展面临的外部环境，当上述外部环境发生变化时，企业内部的发展战略、组织结构及人力资源管理政策就会随之受到影响并做出相应调整，进而通过相互间的协调、整合实现企业自身发展与外部环境的一致性。同时，在人力资源管理提升至企业战略高度后，招募甄选、考核评价、晋升激励及培训开发等人力资源管理各项职能将与战略管理过程紧密联系起来，这使企业能够迅速适应外部环境变化，发挥战略协同作用，进而实现企业发展目标。

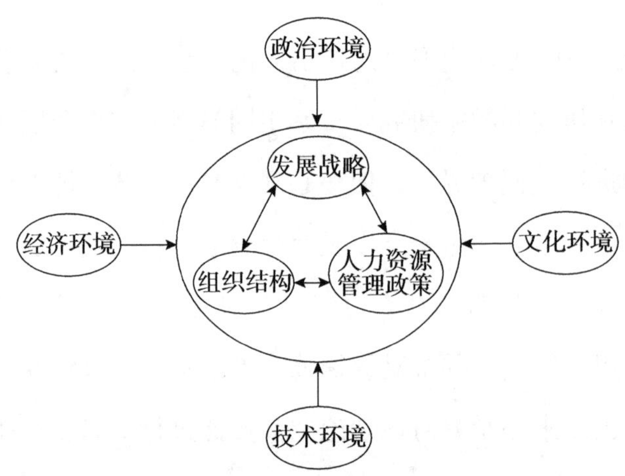

图2-1　战略性人力资源管理示意

Wright和Mcmahan两位学者也对战略性人力资源管理进行了定义：组织为了达成目标，有计划地将人力资源配置与组织活动计划联系起来，即组织为了实现既定战略目标而实施的一整套有战略意义的人力资源管理行为。他们将人力资源视为组织获取竞争优势的源泉，通过人力资源的合理规划、政策及管理实践赢得竞争优势，强调人力资源与组织战略的契合度。

2.1.1.2 战略性人力资源管理与组织绩效之间的关系研究

Schuler认为，战略性人力资源管理可以通过整合和调整的方式，实现以下目标：组织人力资源管理与组织经营战略及战略性需求相契合；人力资源管理政策与组织内的水平职能政策及垂直层级结构保持一致；管理者与员工共同参与，并被组织成员接受，在此基础上，有效提升组织绩效。他还提出战略性人力资源管理的5种内涵（5P模型），他认为战略性人力资源管理自上而下地由人力资源哲学（Human Resources Philosophy）、人力资源政策（Human Resources Policy）、人力资源方案（Human Resources Program）、人力资源实践（Human Resources Practice）和人力资源流程（Human Resources Process）组成。

和Schuler的研究结论类似，在战略性人力资源管理与组织绩效之间的关系研究中，学者们得出的结论基本一致，如以Mac Duffie、Rogwers、Wright和Youndt等为代表的国外学者，均认为战略性人力资源管理能够对组织最终绩效产生重要贡献。Mac Duffie通过对提高组织绩效的人力资源管理实践条件进行分析，构建了组织获取高绩效人力资源管理实践的匹配模式；Rogwers和Wright设计了战略性人力资源管理下组织绩效的测量模型；Youndt将智力资本作为中间变量，分析了人力资源管理实践对组织绩效的作用，他引用了多家企业的实际数据，通过引入三个维度的智力资本（人力资本、社会资本和组织资本）以及两种企业绩效（收益率和销售收入），对它们之间的关系进行梳理分析，进而得出结论：人力资源管理与特定智力资本存在很强的关联关系。此外，两者与企业绩效也有较强的直接关系，Youndt进而归纳分析出先进的人力资源管理实践与组织绩效提升具有正相关关系。此后，一系列关于战略性人力资源管理实践与不同组织绩效评估之间的关系研究，也都论证了两者之间的正相关关系，但这种影响过程是复杂的，会受到类似智力资本等多个变量中间作用机制的影响。

尽管人力资源管理实践并不都是战略性的，但Deleryi和Doty还是系统地总结归纳出了7种被学界普遍认可的具体实践，涉及的内容包括：组织是更倾向于外部招聘还是内部晋升；组织开展正式培训的数量和频度；组织的考核评价体系是基于行为还是基于结果；将报酬与组织绩效相关联的分红制等制度的执行情况；实施就业保障政策的力度及其所带来的稳定感；组织内部员工正式表达不满的机制和参与决策的程度；组织内部员工是否充分认识自身的工作内容以及工作如何被员工定义。上述战略性人力资源管理普遍关注的7个核心切入点，将为本研究聚焦人文学科青年本土教师职业发展困境提供思路。例如，在具体的实践过程中，人才管理是偏重既有人才培养还是单纯依靠人才引进，组织对于人才培养开发环节的重视程度和持续性，人才考核评价体系和薪酬激励机制的完善情况，人才在组织民主决策过程中的参与程度等，都将成为本书开展研究和寻求对策的着力点。

2.1.1.3 关于战略性人力资源管理之于人文学科青年本土教师职业发展的适用性

战略性人力资源管理在帮助组织实现竞争战略和提升绩效方面具有显著作用。事实上，战略性人力资源管理理念不仅适用于营利性企业，同样适用于其他领域。有关战略性人力资源管理理论是否适用于非营利机构的探索从未停止，美国和澳大利亚等国的相关学者已在具体实践中取得了一定的研究成果，美国曾尝试构建联邦政府战略性人力资本管理模型，并在实践过程中取得了良好效果。国内学者也有将战略性人力资源管理理念应用于公务员队伍管理的相关成功实践。正是基于上述成功案例，本书认为，将战略性人力资源管理应用于人文学科青年本土教师职业开发研究，同样具有可行性和可操作性。

在前面的研究中我们已经介绍，Wright、Mcmahan以及Schuler均在自己的研究理论中强调人力资源管理活动与组织战略的契合度，并指出人力资源管理政策与外部环境的契合和人力资源管理政策的内部契合是战略性人力资源管理的两个根本特征，组织战略的最终实施必须优先满足和保证上述两个契合。落实到本研究中，在高等教育“四个服务”和高校“双一流”建设战略实施过程中，高校师资队伍建设也应当遵循战略性人力资源管理的有关理念，与高等教育发展的实际需要保持外部环境契合，与高等教育“双一流”建设的整体布局保持外部环境契合，进而充分发挥本土教师队伍的特殊重要性和优势；同时，在人力资源管理政策的内部环境契合方面，高校应结合战略性人力资源管理理论，对本土教师队伍尤其是人文学科青年本土教师队伍进行针对性分析，找出导致其面临职业发展困境的制度根源，并从人力资源招募甄选、考核评价、晋升激励及培养开发等方面做出相应的政策调整和优化。

2.1.2 职业生涯发展理论

职业生涯发展理论涉及个人成长、职业发展和社会角色，它指导人们将职业发展过程划分为不同的阶段，明确每个阶段需要解决的问题和需要完成的任务，并提出对策与解决方案。国外职业生涯发展理论研究已相对成熟，关注点主要集中于职业选择理论研究和职业生涯阶段理论研究两个方面。

2.1.2.1 职业选择理论研究方面

Frank Parsons将个体自身特质、社会环境与职业要求相结合，提出了“特质因素理论”，他认为，了解和认识自己、了解职业规则、实现自身和职业的匹配是职业选择的三大原则。落实上述三大原则之后，个人自身的优势就可以和职业选择相契合进而实现个人和组织的双向受益了。

职业选择理论研究方面的第二个代表性理论是John Holland提出的“职业兴趣测试”。John Holland在一系列关于人格与职业关系的假设基础之上提出了6种基本职业兴趣类型，即现实型、艺术型、研究型、社会型、传统型和企业型。他指出，一个人详细了解自己的人格特征后，就可以有针对性地预测自己的职业选择、工作变换、职业成就和教育及社会行为。他还提出，个人工作的满意度、职业的稳定性和职业的成就感，很大程度上取决于自身的人格特征、职业兴趣和工作环境的匹配度。John Holland的“职业兴趣测试”在职业生涯实践中得到了广泛应用。根据其提出的职业兴趣类型，自然科学类教师兼具“研究型”和“社会型”两种职业兴趣类型，人文学科教师则兼具“艺术型”和“社会型”两种职业兴趣类型，因此，高校应该基于上述教师职业兴趣类型方面的巨大差异，为其提供适合其自身特点的职业环境，以保证教师获得更高的工作满意度和更强的职业成就感，以及有更好的职业生涯发展，该理论从教师人格特征和职业兴趣分类的角度为本研究提供了有益的理论基础。

2.1.2.2 职业生涯阶段理论研究方面

Eli Ginsberg和Donald E. Super是职业生涯阶段理论当之无愧的代表性人物，他们将人的职业生涯划分为不同阶段。

其中，Eli Ginsberg的职业生涯阶段理论认为，职业发展与人的身心发展过程应保持一致，Eli Ginsberg据此将职业生涯发展界定为幻想期、尝试期、现实期3个不同阶段，进而强调早期的职业心理对职业选择的影响。3个阶段中，幻想期的特点是单纯凭自身兴趣爱好而不考虑自身的条件、能力水平和社会需要与机遇；尝试期的特点是有职业兴趣并开始审视自己的能力和条件，关注职业角色的社会地位、社会意义以及社会需要；现实期的特点是即将步入社会劳动，能够客观地将自己的职业愿望与自身能力、条件及社会需求紧密结合起来，从而确定适合自己的职业。

Donald E. Super是职业生涯阶段理论研究的集大成者，他从人的终身发展角度出发，指出人的职业意识会随家庭、年龄和教育等因素的变化而变化，认为人在不同职业生涯发展阶段需要有不同的职业知识和职业能力与之相匹配，在此基础上，他将Eli Ginsberg的职业生涯阶段拓展为成长期、探索期、确立期、维持期、衰退期5个阶段。Donald E. Super认为，人的职业发展过程具有可塑性，职业发展的各阶段可以借助外部指导加以改善，外部指导既包括人的职业才能与职业兴趣的培养，也包括“自我概念”的发展。

职业生涯阶段理论于20世纪90年代中期传入我国，国内学者也从不同角度做了探讨并形成了一系列研究成果，但总体而言，研究中较少提出完备的基础性理论，而且国内理论在适用性上仍然存在如何更好地实现国外理论本土化及针对差异化的行业群体进行调适等问题。

Eli Ginsberg和Donald E. Super关于职业生涯阶段划分的理论，启示我们需要遵循人才成长规律，在不同的职业生涯阶段采取不同的外部政策以契合各阶段的不同特点，这为笔者针对人文学科青年本土教师职业生涯初期特点提出特殊的支持政策提供了理论依据。同时，Donald E. Super关于职业发展过程可塑性的论述，也论证了实施人文学科青年本土教师职业开发的可行性。

2.1.3 教师发展阶段理论

教师发展阶段理论是对教师职业生涯发展进行阶段性划分并从心理学角度进行差异化阐释的相关研究理论的总称。其中，主要的代表理论包括Fuller的教师关注阶段论、Katz的教师发展时期论、Burden的教师发展阶段论、Fessler的教师生涯循环论以及Steffy的教师生涯发展模式论。他们的观点吸纳了马克思关于人的全面发展的理论，借鉴了马斯洛的需求层次理论，并融入了职业生涯发展理论。笔者按照理论提出的时间顺序，对上述代表人物的核心观点进行了整理（见表2–1）。

表2–1　教师发展阶段理论各学说核心观点一览

理论名称	代表人物	核心内容
教师关注阶段论	Fuller	在成为专业教师的过程中，教师所关注的事物是依据一定的次序更迭的，呈现为4个阶段的特点：教学前关注（Pre–teaching Concerns）、早期生存关注（Early Concerns about Survival）、教学情境关注（Teaching Situations Concerns）、学生关注（Concerns about Students）
教师发展时期论	Katz	根据教师的训练需求与专业发展目标，分为求生存（Survival）、巩固（Consolidation）、更新（Renewal）、成熟（Maturity）4个时期
教师发展阶段论	Burden	通过实证方法归纳教师发展阶段，分为求生存（Survival）、调整（Adjustment）、成熟（Maturity）3个阶段

续 表

理论名称	代表人物	核心内容
教师生涯循环论	Fessler	教师生涯发展是一种动态地回应各种影响因素且与之循环互动的过程，分为职前教育、引导、能力建立、热心和成长、生涯挫折、稳定和停滞、生涯低落、生涯退出8个阶段
教师生涯发展模式论	Steffy	基于人本主义心理学，将教师发展分为预备生涯、专家生涯、退缩生涯、更新生涯、退出生涯5个阶段

本研究仅以Fuller的教师关注阶段论为例，阐述教师发展阶段理论的核心要义及逻辑建构模式。Fuller的研究主要围绕教师教学领域展开，通过4个阶段的划分，完整地描述了教师从“踏入教学生涯”到“完全适应教学工作”所经历的心理变化趋势。他从教师职业生涯发展不同阶段“关注点”不断变化的角度切入，将教师的关注阶段分为教学前关注、早期生存关注、教学情境关注以及学生关注，相应的“关注点”也呈现“关注自我—关注教学—关注学习—关注学生”的变化过程。教学前关注重点指教师刚刚步入职业生涯时，由于缺乏教学经验，时常因为面临各类难以解决的教学问题而感觉懵懂、挫败和彷徨，因此更多地关注如何掌控自我、如何调整自我，在具体教学业务上的投入并不多。早期生存关注指教师经过一段实习期的适应和积累之后，开始更多地关注具体的教学工作，通过不断提升自己的业务能力，确保自己能够在竞争激烈的工作环境中生存。这一阶段教师面临的更多的是工作上的具体压力以及基于生存而产生的焦虑。进入教学情境关注期后，教师的关注点进一步聚焦业务，他们会不断积累知识和提升教学能力，对于自己的教学表现会更加在意。进入学生关注阶段之后，教师的发展压力和环境焦虑感才会稍微减轻，他们才能

真正将关注点完全聚焦于学生，实现对教学工作的完全适应。此后，Katz、Burden、Fessler和Steffy的相关研究秉承了Fuller的核心观点，他们借助更加科学和完备的研究方法，从不同的切入点和分类标准对理论进行了深化。

总而言之，教师发展阶段理论虽然在研究对象和研究角度上与本研究不完全一致，如Fuller关于教师的研究主要聚焦于教学领域，Katz和Burden的研究对象主要聚焦于学前教师和小学教师等，但教师发展阶段理论对教师职业生涯发展进行阶段性划分并对其不同阶段心理变化差异进行诠释的做法，尤其是对教师职业生涯初期特点进行相关分析并给予重点关切的研究思路，对本研究重点关注人文学科青年本土教师目标群体的个性特质和职业生涯不同发展阶段的现实需要，具有重要的启发意义。

2.2 文献综述

本研究的文献综述共分为4个部分，第一部分重点关注高校教师面临的职业发展困境，以期为本研究框架的搭建提供有益的借鉴；第二部分从当前本土教师与海外人才两支队伍的关系以及两支队伍和谐共生发展的途径等方面，探求本土教师职业发展路径；第三部分聚焦困扰本土教师的最根本的国际化问题，通过现有文献搜索，探求破解本土教师职业发展困境的举措；第四部分重点聚焦与人文学科青年本土教师队伍职业开发有关的现有研究，但通过文献检索，未找到专门针对人文学科教师职业发展的相关研究，因此，笔者将青年教师开发相关研究纳入文献综述，从中提取部分对本研究有益的观点和思路。

2.2.1 高校教师职业发展困境研究

对该领域文献进行研读和评述，旨在拓展本研究整体架构方面的思路。针对职业发展困境进行系统研究的文献，数量不多且大部分并非专门针对高校教师群体。笔者对相关文献进行了系统的归纳、梳理，进而选择有益于本研究整体框架搭建的思路。例如，张蓉和洪明针对美国教师遭遇的专业发展困境，从5个方面提出了破解高校教师专业发展困境的对策，这5个对策分别为提高教师的职业地位、做好教师从业者的源头控制、完善评价机制及评价标准、用好用活激励举措、做好教师入职前培养。对上述5个对策进行细分，我们可以发现，对策的提出既涉及宏观层面，如对于提升高校教师职业地位的关注，也涉及微观层面，如人力资源管理过程中的招募甄选、考核评价、晋升激励和培养开发等多个具体环节，上述思路对于本研究搭建研究框架具有很好的指导意义。王萍和李俊重点关注了高校女教师这一特殊群体，在对高校女教师面临的职业发展困境进行研究后他们指出，该群体职业发展困境的产生与其自身的性格特质关系密切，如女教师群体的职业动机不够强、工作生活中多重角色带来的冲突、深受传统性别文化影响以及客观上面临较大的教学科研工作压力等。该研究从关注研究对象性格特质的角度寻找其职业发展困境并归纳诱发原因的做法，与本研究关注人文学科研究特殊性、青年教师职业生涯发展初期特殊性的做法具有相通之处，因此对本研究来说亦有一定的参考价值。

落实到青年教师职业生涯发展困境具体表现或者特定表现方面

的研究，相关成果较多，涉及的视角也比较广，但结论大都相似，即高校青年教师在职业生涯发展过程中尤其是在职业生涯发展初期，面临着来自工作和生活的双重压力，其生存和发展面临较为复杂和困难的局面。上述研究主要基于物质所得、工作压力及人际关系等方面来分析青年教师面临的职业发展困境，笔者下面仅举其中几个作为范例。

司林波进行了有关高校青年教师生存状况及流动趋向的系列研究，其通过对13所高校进行问卷调查，指出青年教师对于收入水平、住房条件和工作满意度等的认可度不高，从而导致隐性流动工作方式的产生，其从改革收入分配制度、增强集体归属感以及拓展职业发展空间等方面提出了政策建议。

钱伟和赵晶通过研究指出，高校青年教师的职业压力主要来源于教育改革的冲击、工作负荷大、人际关系疏离、经济负担重等方面。为此，应通过尊重青年教师的主体地位、完善青年教师培养机制、关心青年教师生活、举办组织员工作坊等途径，缓解青年教师面临的职业压力。

刘贝妮主要研究了高校教师过度劳累的问题，其中重点关注了高校青年教师群体。她指出，高校教师普遍存在过度劳累的问题，原因可归纳为宏观层面的社会期望，中观层面的职称评审、社会事务、人才年轻化趋势以及工作追求，微观层面的闲暇偏好、性格特质、工作和家庭关系等，最后其分别基于劳动时间和劳动强度构建出高校教师适度劳动的均衡模型，并有针对性地提出了缓解高校教师过度劳累的三级体系架构。

王佳鹏的研究具有相对独特的视角，他聚焦当前高校青年教师的精神追求和文化使命，指出青年教师的职业发展困境不仅体现于物质层面的谋生艰难，还体现于理想和尊严层面的精神幻灭。同时，他将高校青年教师划分为缺乏理想的图安逸者和混江湖者，以及选择自我流放的求理想者，并提出在面临职业发展困境时上述人群对于学术追求的决心程度，将直接决定文明面临的危机程度。

上述有关青年教师职业发展困境研究的不同切入角度，为笔者研究人文学科青年本土教师面临的职业发展困境提供了不同的视角，给本研究带来很大的帮助。

2.2.2 本土教师和海外人才关系研究

前面已经提到，海外人才的大规模、集中式涌入，是本土教师遭遇职业发展困境的一个重要外部因素。因此，对近年来本土教师和海外人才的关系进行研究，必将为本研究提供借鉴意义。海外人才是推动经济社会发展的重要力量，对于完善高校人才队伍结构以及实现人才队伍全面、协调、可持续发展具有重要的战略意义。在经济全球化和教育国际化背景下，基于高水平海外人才的竞争愈加激烈，但是，引进海外人才需要因时、因势、因地，且要合理、有度，处理不好容易引发诸多问题。因此，随着大规模海外人才的引进，本土教师和海外人才相互竞争及协调发展的话题引发很多学者关注。

海外人才的集中引进，得到了国家特殊的政策支持，国家为之配备了较完善的资源，这在一定程度上挤占了本土教师的发展空间，容易导致本土教师心理不平衡甚至引发一些矛盾。司江伟等指出，这种矛盾主要表现在以下几个方面：①用人政策（包括工作条件和生活待遇等）的偏向导致双方心理不平衡；②东西方文化背景作用下的沟通方式存在差异；③东西方管理理念差异引发相互不适应。在此基础上，他们进而分析出矛盾的根源在于政策分配失衡。孟晓娟的研究也印证了上述观点，她认为，在海外人才引进过程中，国家和高校制定、实施了十分“优厚”的政策措施，而这些政策措施过于向海外人才倾斜，所以导致相同层次、奉献多年的本土教师产生较为严重的心理失衡，加之双方在价值观、认知与沟通等方面存在差异，本土教师和海外人才因此产生矛盾。

事实上，随着国内海外人才数量的不断增长、本土博士人才培养质量的不断提升以及本土教师国际化程度的不断增强，本土教师与海外人才在很多方面的差距不断缩小。尤其是在人文学科领域，本土教师反而更“接地气”。赵卫华等对本土博士和海外博士职业生涯和职业成就方面的指标进行了统计，结果显示，虽然两者在职业生涯指标方面差别较大，但是单纯地就个别职业成就来看，二者之间的差别并不大。[①]张学见对2004—2014年教育部文科“长江学者”特聘教授的学历背景进行了分析研究，结论是，299位文科“长江学者”特聘教授中有298位入选者的本科教育是在本土完成的，其中234位入选者本、硕、博教育均在本土完成，文科“长江学者”特聘教授入选者中，本土博士人数占比高达78%。由此可见，国内教育资源培养出来的人才同样具有很强的竞争力。李潇潇等以北京大学、清华大学为样本，对其新任教师的学历背景进行了调查，调查显示，本土博士在北大、清华新任教师中所占比例最高，约为51.9%。其中，北大新任教

① 赵卫华．海归博士与本土博士职业成就比较——基于全国博士质量调查的统计分析［J］．中国高教研究，2010（11）．

师中约有178名拥有本土博士学历（占49.4%）；清华新任教师中约有235名拥有本土博士学历（占52.2%）。由此可见，本土博士在获取国内顶尖大学教职方面具有一定的竞争力。①上述研究结论有助于引发对现有海外人才引进政策的思考，在本土教师整体素质不断提升的情况下，国家人才政策应该及时纠偏，将关注点从大规模引进海外人才转移到通过体制机制设计更好地发挥既有引进人才的作用以及实现本土教师和引进人才优势互补方面。同时，上述研究也有助于对现有人才管理模式进行反思，本土教师和海外人才在水平差距不大的情况下呈现出职业成就方面的巨大差异，其根源就在于国家和高校的政策导向以及政策导向影响下的人才评价指标体系。

随着本土教师和海外人才整体水平的不断接近，如何实现双方优势互补以及和谐共生，成为学者们研究的重要内容。李丽在研究中提出了本土教师和海外人才应有机组合的观点，其提出，海外人才争取资源的优势和本土教师熟悉组织机构管理的优势可以有机结合，通过组成跨功能团队的形式产出高效益。司江伟等从共生理论和共生效应角度出发，对构建本土教师和海外人才的协调共生机制进行了探索，提出可以通过探索遴选评审机制、人才特区机制、双轨评价机制、激励机制及合作机制等构建本土教师和海外人才的协调共生机制。孟晓娟指出，随着经济水平和科技水平的提高，“建设创新型国家”应该制定科学、合理的人才政策，从更全面的角度审视本土教师和海外人才之间的关系。孙早等利用分省数据分析了海外人才在国内外学术市场

① 李潇潇，左玥，沈文钦．谁获得了精英大学的教职——基于北大、清华2011—2017年新任教师的履历分析［J］．中国高教研究，2018（8）．

对本土教师科研产出水平的影响。研究发现，如果海外人才在细分领域（如国内期刊发表）内人力资本积累的竞争优势小，则引进海外人才会对本土教师发展产生积极影响；如果海外人才在细分领域（如国际期刊发表）内人力资本积累的竞争优势过大，则引进海外人才会对本土教师成长产生抑制效应。该理论为如何创建本土教师与海外人才和谐共生的外部环境提供了指导，也合理解释了国家在大规模引进海外人才之后有针对性地启动实施面向国内人才的“万人计划”的原因。

2.2.3　高校本土教师国际化研究

打造一支具有国际竞争力的教师队伍，有两种方式：一种是直接引进海外人才，另一种是通过海外交流提升现有本土教师队伍的国际化水平。当前部分高校过于重视引进海外人才工作，希望以增加海外人才数量的方式提升师资队伍的整体国际化水平。杨扬在研究中对上述“重外显指标而忽视内涵提升”的做法进行了纠偏，其认为引进海外人才无法解决师资队伍国际化根本问题，师资队伍国际化并不是海外人才或者海外经验的简单移植和组合，而是通过“多元文化的碰撞、对接和融合”，形成既具有国际眼界和能力又具有自身文化认同的本国文化的传播者和发展者。① 与直接引进海外人才相比，高校本土教师国际化带有更明显的人才培养性质，更有利于回国后融入本土，这也是华人学者更容易适应国内环境而非华裔外籍学者往往适应性不强的原因。

高校本土教师国际化战略的实施，对于本土教师本人及其所在国家和高校而言，都会带来全方位收益，在这一点上，学者们的观点基本一

① 杨扬．我国高等教育师资国际化的问题与对策［J］．全球教育展望，2013，42（5）．

致。Sanderson通过定性研究，认为教师的出国收益可以分为工具性和人文性两种，他认为，应更重视有关自身素养提高方面的人文性收益。Karen Biraimah和Lathi Jotia也表达了类似观点，他们将教师的出国收益分为知识和态度两个方面，认为态度方面的收益更为重要，因为它只有在沉浸式的环境中才能获取，而知识方面的收益在国内就可以实现。陈学飞等结合“公派出国留学效益评估”课题，从个人收益和社会收益两个方面具体归纳了公派出国能够带来的广泛、长远和巨大的收益。其中，个人收益涉及学术视野、外语水平、知识更新、信息鉴别、学术方向、学术水平、国际交流及社会活动8个方面；社会收益表现为9个方面，包括培育一批学界领导、培养高校管理骨干、更新学科体系、提升科研水平、承接更多国际合作项目、搭建国际学术交流网络、传播中华民族文化、储备专业人才以及联络海外留学人员。与此类似，胥传孝在研究中也将教师出国收益分为个人收益和社会收益两部分，他认为两者相辅相成，但社会收益的重要性要高于个人收益。同时，他还根据收益大小对出国进修的获益对象进行了排序，其中派出单位获益最大，国家获益其次，个人获益第三，国际机构获益最小。马万华和温剑波通过问卷调查得出结论，教师出国进修对其个人在开阔国际视野、吸收国际课程理念、丰富研究方法和发展科研合作等方面均能产生积极作用。张青根和沈红以出国进修对高校教师收入的影响为切入点，提出出国进修存在显著的经济效益的观点。未出国进修教师潜在的经济效益低于出国进修教师的经济效益，而且经济效益与出国进修时长直接相关，一般来说，“一年以上”和“半年以上一年以下”两个出国进修时长带来的经济效益最大。上述有关国际化收益的研究，充分印证了高校实施本土教师国际化战略的必要性和可行性。

虽然本土教师国际化能使教师本人、所在高校和国家多方受益，但当前本土教师对待出国进修这件事态度还不够积极，“难出国”“难派出”问题还很普遍。

郭城对当前高校青年教师“难出国”问题进行了研究，其将“难出国”的原因归纳为以下几个方面：一是青年教师生活压力较大，现行出国进修政策对其创收不能提供帮助，甚至出国进修期间其收入会降低；二是职称评审压力过大，青年教师无暇将出国进修作为优先选项；三是青年教师职业生涯初期面临的家庭和生活责任，成为其出国进修需要重点考虑的因素；四是人文学科出国进修缺乏弹性化和个性化设计，适用性不强。在此基础上，郭城提出以下对策：更新青年教师出国留学理念；对进修期间的岗位待遇、考核评价和综合福利等进行优化设计，消除青年教师的后顾之忧；进一步落实教师学术休假制度。

孙德芬在研究中也指出，工作和生活压力是高校青年教师出国意愿不强的主要原因，同时她还提出，现有出国渠道较少也是重要原因之一。目前可以依托的出国项目主要是国家留学基金管理委员会和各省市的公派项目，申报属于教师个人行为，学校层面缺乏统一规划和制度设计，虽然有部分学校开始设立学校公派留学项目，但数量和范围仍相对有限。因此，解决青年本土教师“难出国”的问题需要探索更多形式的派出渠道。

于海燕和张海娟的研究对这个问题进行了回应，她们以美国为例进行研究，指出美国政府鼓励教师开展跨国交流的方式很多，具体包括：①为教师提供出国学习机会，教师在学校任职达到一定期限后就可享受带薪学术休假，而且在国外的费用可以减免；②设立各种形式的支持项目，如“富布赖特访问学者”项目，该项目每年资助100名左右的美国高校教师通过各种形式赴国外进修，再如哈佛大学专门针对本校教师设计的“暑假出国学习”和“校长创新基金—资助教师出国”项目等；③与知名高校建立校际合作关系，为教师出国交流提供更多选择；④在国外建立研究分支机构，外派教师丰富国际化体验；⑤通过组织语言培训、开设国际化课程等方式帮助教师做好出国前准备，充分利用海外校友资源，为教师国际化进修提供便利。上述多渠道、多元化的项目设计为高校教师赴国外进修提供了充分的资源保障，对于高校教师教学、科研能力的提升以及高校整体国际化进程的推动，都起到了积极作用，值得我国政府和高校借鉴。

此外，“难出国”的另一个原因是国家顶层设计缺位，支持本土教师出国进修的相关规划和政策设计不健全、不完善。于海燕、张海娟研究了世界一流大学教师国际化的相关举措，表明了美国、德国和日本等国对国际化顶层设计的重视程度，如美国在法律层面有专门的《富布赖特法》《国防教育法》和《国际教育法》等，为推进教师国际化提供了法制保障。在上述国家，教师国际化受重视程度极高，已经上升到国家战略高度。

2.2.4　高校青年教师开发研究

在大力实施科教兴国、人才强国战略的背景下，高校教师作为担当民族复兴重任的重要力量，受到国家和社会各个层面的重视。从现代人力资源开发的视角来看，高校教师作为极富创造力和能动性的人力资源，其开发程度直接影响高校的办学水平、办学层次和教学质量。青年教师是高校发展的核心竞争力和后备军，其发展状况关系到高校的未来。近年来，我国高等教育事业发展迅速，青年教师队伍在很多高校占比超过60%，成为高层次师资队伍建设的重要组成部分、高质量人才培养的重要师资来源、高水平科学研究的重要力量以及文化传承和科技创新的后备梯队。近年来，青年教师人力资源开发工作取得了显著成效，数量显著增加，质量也有了很大提高，但同时也受一定的外部环境制约，这正是本研究主要关注的内容。

2.2.4.1 第一个制约是专门针对青年教师开发的顶层制度设计缺位，青年教师开发工作的关注度、精准度以及扶持力度等有待提升

代文彬和纪巍从科研创新的角度切入，分析了影响高校青年教师科研创新能力的有关因素，其中重点提及组织管理因素，并指出青年教师处于职业生涯初期，申报课题、项目的机会和途径较少，成功的机会较少，高校层面对其科研工作的支持力度不够，科研团队的帮扶作用较小。

朱宁波和曹茂甲对125所高校青年教师培养政策进行文本分析后指出，当前的教师培养缺乏公平性，教师培养政策体系更多地关注重点专业和重点领域内的少部分拔尖人才，取长而不补短，教师发展机会存在严重的不均衡问题。

雷炜通过分析指出，当前高校青年教师专业发展存在意识淡薄、教育教学能力不足以及动力欠缺等问题，造成上述问题的主要原因在于管理制度过于“一刀切”、符合青年教师成长规律的传统制度被弱化以及政策保障机制缺位。在此基础上，他重点指出，应健全和完善青年教师发展顶层制度设计，尤其是最为关键的薪酬管理、职称晋升和考核评价3个方面，要结合青年教师群体的特殊性专门制定相关制度。

雷虎强指出，在当前社会主要矛盾发生变化的情况下，青年教

师群体呈现出更加关注绩效公平、重视民主管理、担忧职业发展以及重视人格独立的新特点，国家和高校要聚焦青年教师群体的特殊性，构建支撑其职业发展的保障机制，具体来说，可以从以下几个方面着力：建立更加公平的考核评价机制；构建青年教师广泛参与的民主治理机制；形成有利于青年教师个性化成长的机制；营造青年教师独立发展机制。

2.2.4.2 第二个制约是高校青年教师开发缺乏长期性、系统性规划，保障机制缺位

我国高校青年教师人力资源开发水平还不够高，开发管理理念相对落后，制度不规范，机制不健全，部分学者认为国内多数高校对青年教师的管理仍通过简单的人事管理方式进行。

陈国信认为，我国高校人力资源开发缺乏必要的理论研究基础，人力资源开发理念、对象、方法、手段等都缺乏系统研究，长期执行简单的人事管理制度不可避免地会造成一定程度上的人力资源闲置和浪费，严重影响了高校教师工作的积极性。

祝虹通过对不同高校的资金投入、人才引进、内部分配等内容进行研究，指出我国部分高校人力资源管理还未摆脱传统人事管理理念的束缚，仅仅把人力当作成本，忽视人力资源的商品属性，没有把人力资源开发提升到战略高度。

朱珠等在研究中也指出，当前高校人力资源开发受传统人事管理惯性思维的影响，而且相关制度不规范，缺乏科学和合理的长期规划。

上述研究为笔者从战略性人力资源管理角度开展研究提供了支撑。

熊华军和刘兴华以美国为例进行研究，介绍了美国政府对青年教师教学能力开发的顶层重视程度以及提供的系统化、立体化保障机

制，其中包括政府从宏观层面提供的政策、资金和项目支持，基金会和专业组织等社会机构从中观层面提供的支持，以及高校从微观层面提供的人力、财力、物力以及项目方面的支持。反观我国青年教师教学能力开发现状，则呈现出政府未出台相应政策、缺乏项目支持、社会支持体系缺位、高校内部管理者不重视、支持经费不充足、软硬件设施不完善，以及职前、职后培训效果不理想等情况。

张胤和武丽民详细介绍了在教师职业发展不同阶段美国政府和高校所提供的完善的教师发展服务体系，包括在前职业生涯阶段提供的用于为教师职业生涯打基础的教学类课程、教学证书项目、校际合作项目以及研究生助教项目等，在职业生涯早期提供的用于引导教师进入角色的教师入职项目、教师发展项目，在职业生涯中期提供的用于帮助教师进一步走向成熟的教师激励项目和职业再发展项目，在职业生涯后期提供的用于支持资深教授经验传承的激励项目等，进而指出我国必须构建终身制、系统化的教师发展服务体系，推动教师培训工作向教师发展服务工作转型，同时应注重服务内容设计的科学化和服务形式的多样化。

高校青年教师开发过程中存在的上述两个制约，集中体现为对青年教师开发的重视度不够、关注度不够以及由此导致的顶层制度设计和保障机制缺失。本研究关注的目标群体是人文学科青年本土教师，其当前在职业发展过程中也呈现出一定的弱势化倾向，专门针对其职业发展的制度设计和保障机制同样存在缺位问题。对上述文献进行梳理，可以帮助本研究找到解决相关问题的切入点。此外，上述研究聚焦青年教师群体特殊性进行分析并提出解决方案以及重点聚焦青年教师发展顶层设计的研究思路，亦对本研究有借鉴意义。

高校青年教师开发是世界各国普遍关注的课题，国内的一些学者将研究目光转向国际教师开发领域，认为我国需借鉴西方发达国家的人力资源开发模式，重视青年教师的专业发展问题，注重发展内涵理念、教育模式、评价体系等。

除前文提到的熊华军和刘兴华对美国教师教学能力开发进行了相关研究外，巩霞也对中美高校人力资源管理工作进行了比较研究，指出我国高校应当借鉴美国高校在教师薪酬管理制度设计方面的优点，如强调自主性，建立了以绩效和能力为导向的市场化的薪酬管理制度，突出制度的弹性化和个性化。

王立以历史的视角对美国高校教师发展演变的历程进行了梳理，指出美国是以教学发展为核心的，美国高校教师诸多发展项目的首要目标仍是提高教师教学能力。在此基础上，他进一步提出，对于青年教师的开发，不能仅仅局限于科研能力的提升，还需注重教学等学术职业技能的全面发展。

李俐认为，英国高校教师发展更注重政策保障，组织模式明晰且具有层次性，专业发展具有指导性，注重考核评价的可监督性，注重激励机制的多效性，注重项目设计的多元性。

如何优化机制、注重评估、强化教师主体意识，将是我国高校教师开发努力的主要方向。对国外高校教师开发的相关研究进行梳理，可以有效拓宽我们的研究思路，为思考本研究目标群体遭遇的职业发展困境及提出破解对策提供有益启示。

3　人文学科青年本土教师面临的职业发展困境及影响[①]

本土教师的综合素质和能力水平直接影响高校人才培养质量和“双一流”建设全局，而通过持续性、多样化的技术手段促进本土教师长期性、持续性培养开发，是保证本土教师始终保持饱满工作热情的重要举措，也是激发本土教师充分展现学术价值与获得自我成就感的重要方式。当前，国家各类人才项目设计的初衷是提升高校教师队伍整体的国际性，因此，评价指标过多地融入了海外因素，导致我国高校在实施各项人才引进计划时“重海外轻本土”的人力资源管理导向相对普遍，教师招聘、政策设计和资源配置等环节在很大程度上都倾向于海外人才，本土教师职业发展在长时间内缺乏足够关注。同时，国内高校基于本土教师职业发展规划的研究和实践起步较晚，持续性不足，缺乏顶层关注和创新性制度设计，资源配套和服务保障脱节，人才工作“重引进轻培养”的现象相对普遍。为此，本章将重点针对上述问题，通过数据分析和案例分析的方式，结合人力资源管理

① 本部分系中国人民大学教育管理重点课题“双一流建设的中国属性与高校本土青年人才的战略突围”重要成果。

过程中教师招募甄选、考核评价、资源配置以及发展激励等，对人文学科青年本土教师面临的职业发展现状尤其是面临的现实困境进行全方位“扫描”。本章涉及的一些具体数据及案例，主要来源于笔者长期以来对多所“双一流”建设高校相关政策信息的收集，以及对相关高校人力资源管理从业者及代表性教师的深度访谈。

3.1 招募甄选环节面临的困境

高校师资队伍建设成功与否，关系着高校能否培育出更多优秀人才和产出更高质量的学术成果，决定着高校能否在“双一流”建设中抢占先机以及能否率先进入世界一流大学行列。教师招募甄选是高校人力资源战略实施过程中的首要环节，也是高校师资队伍补充和结构优化的重要途径，在高校事业发展过程中发挥着极其重要的作用。高校应该高度重视教师招募甄选环节，充分结合学校“双一流”建设规划所确定的需要人才的条件，综合考察应聘者的知识储备能力、学术能力与发展潜力。随着当前经济社会的快速发展以及高等教育国际化程度的大幅提升，国家对海外人才和高端人才的需求不断升级，各类人才引进项目尤其是海外高层次人才引进项目纷纷出台，国家层面成立了海外高层次人才引进工作小组，设立海外高层次人才引进工作专项办公室（以下简称“专项办”），海外人才引进上升为一项国家战略，并成为评定、考量“双一流”建设成效以及评估学科建设情况的重要指标。受此价值引导，国内很多高校的教师招募甄选环节呈现出盲目、过度追求国际化的趋势，对候选人的综合素质尤其是其未来发展的潜质缺乏全面、综合性的考察，更多地看重候选人是否具有海外学历、是否拥有较丰富的国际交流经验、已经取得的科研成果数量多少以及是否已经获得了学术头衔等，对一些受制于国内人才培养模式而未能展现出科研潜力和国际交流能力、具有较强发展后劲的本土博士缺乏足够关注，教师招募甄选环节呈现出明显的“重海外轻本土，重‘帽子’轻潜力”的特点，下面从3个方面进行具体阐释。

3.1.1 教师招募甄选环节呈现出过度国际化的特征

海外学习与科研经历是博士毕业生获得高校教职的关键影响因素。笔者在前文已经引用过北京大学和清华大学新聘教师结构分析案例，本土博士在北京大学与清华大学新任教师中占比均约为51.9%，略高于海外博士比例。但需要着重强调的是，北京大学与清华大学新聘教师中，八成以上在入职前都拥有一次或多次海外科研经历，也就是说，完全属于本土培养且没有海外经历的新聘教师仅占新聘人员总量的18.6%。[①]因此，尽管本土博士在上述两所学校新聘教师中所占比例略有优势，但实际上他们中的大部分都有境外博士后经历、海外交流经历，或者属于国内外高校联合培养的博士等。换言之，一般来说，如果是本土博士，只有在毕业后赴海外从事相应的专业化、系统性学术训练后，才能达到申请北京大学、清华大学教职的基本门槛，其在本质上已和海外博士差异不大。同时，作为国内精英高校的代表，北京大学和清华大学两所高校招聘的本土教师，半数以上为本校培养的博士毕业生或者对方高校培养的博士毕业生，境内其他高校的博士毕业生鲜有入职两所高校的机

① 李潇潇，左玥，沈文钦. 谁获得了精英大学的教职——基于北大、清华2011—2017年新任教师的履历分析［J］. 中国高教研究，2018（8）.

会。据此可以推断，当前北京大学、清华大学等国内精英高校正逐渐形成“以留学归国人员为主、本校毕业生为辅、本土其他高校毕业生占少数”的新聘教师队伍格局。随着近年来国家层面和高校内部各类人才项目的出现，精英高校青年教师招募甄选环节竞争激烈程度日益加剧，在自然科学领域，由于相应的人才支持计划已经十分成熟，所以教职的竞争进一步加剧；人文学科领域的教职竞争虽然没有达到自然科学领域那样“白热化”的程度，但进入门槛也呈不断“抬高”趋势。在本土博士生就业市场已经供过于求的情况下，每年大量的人文学科本土博士毕业生中只有极少数能获得国内精英高校教职。

随着近年来高校国际化趋势的日益增强，为提高教师队伍的国际化水平，各高校教师岗位的具体应聘条件也更偏向于具有海外经历的青年学者，各高校尤其是精英高校在新教师招募甄选过程中往往要求应聘者为海外高水平大学或研究机构的博士，或者海内外知名大学联合培养的博士，或者具有海外博士后经历。如果应聘者是国内本土博士毕业生，准入方面则要附加很多条件，如硬性规定其博士学位获取单位需要有较靠前的国际排名、学科必须为国家重点学科等，这种单纯依据博士学位获取单位、学科排名对应聘者进行差别化、不公平对待的行为，即构成了日常所说的招聘学历歧视。部分高校的招聘通知明确要求应聘者毕业于海外高水平大学，或为海内外知名大学联合培养博士，或有海外博士后工作经历等，学历歧视现象相当普遍。例如，N高校经济与工商管理学院青年优秀人才招聘通知明确指出，应聘者应为35周岁以下的国内博士后出站人员或者具有海外博士学位者；C高校经济与管理学院在招聘中明确要求应聘者在海外知名高校取得博士学位，或者在国内取得博士学位但有海外从事教学或研究工作的经历等。需要指出的是，上述两所高校的招聘学科均非国家“双一流”建设学科。同时，随着国家海外高层次人才引进计划的全面开展，越来越多重要的教育管理、学术管理及项目评审岗位由海外人才担任，这些管理及评审人员在人才评价中往往更加重视海外学历，这使高校和科研机构的海外名校学历情结日益严重。同等条件下，各高校教职招聘纷纷向留学回国人员倾斜，很多高校每年的师资招聘计划都明确指出海外博士招聘比例至少达到新招收总人数的1/3，其中，比例最高的当数G高校，该校2014年计划招聘教师129名，其中半数以上的岗位用于招聘海外留学归国人员。2019年H高校在招聘通知中指出：本次招聘面向海外博士、其他单位调入人员和内地高校应届毕业生。其中，“海外博士”指在海外一流大学取得博士学位且未在国内就业的学者；“其他单位调入人员”指在国内外一流大学取得学位且已在国内外就业的学者，含博士后出站人员；“内地高校应届毕业生”指应聘当年在内地高校取得博士学位且未与其他单位签订就业协议的应届博士毕业生。但在之后的条件里，H高校又明确注明：关于“内地高校应届毕业生”，本次招聘仅涉及学校特殊人才支持计划中的相关岗位和师资博士后岗位。换句话说，对于本土博士而言，可供选择的道路只有两条：其一是和海外人才同等竞争，入选学校的特殊人才支持计划；其二是来校后先从事两年的师资博士后研究，期满出站时再视具体情况决定是否留校。相比而言，海外博士谋求教职可以依托的途径就很多。

3.1.2 本土教师在新聘教师队伍总量中的占比呈下降趋势

随着我国政治、经济、文化和社会事业的快速发展以及国际影响力的大幅提升，我国赴海外留学人员数量不断增加，同时，留学人员回国服务的热情也不断提升，八成以上的海外留学人员在学成后选择回国发展。根据相关数据，我国自实行改革开放以来，截至2017年，累计有519万人赴海外留学，其中有313万人学成之后选择回国。仅以2017年为例，出国留学人员就有60.84万人，其中回国人员高达48.09万人。如何利用留学人才回流大潮，充分引进海外智力，充分发挥海外人才红利，充分依托海外人才不断提升师资队伍的国际化水平，成为高校面临的一项重要课题。

为加大海外人才引进力度，针对"高精尖缺"型海外人才，国家层面陆续制订和出台了一系列海外人才引进专项计划，各高校也纷纷对标设立了各自的海外人才引进或支持计划。在此背景下，国内高校尤其是精英高校纷纷依托上述人才项目，面向全球招募优秀人才，多渠道"聚天下英才而用之"，高校教师队伍尤其是新增教师队伍中海外人才占比逐年提高。以纳入国家人才发展战略的"海外高层次人才引进计划"为例，2008年，国家发布《中央人才工作协调小组关于实施海外高层次人才引进计划的意见》，希望有重点地引进并支持一批海外高层次人才回国（来华）创新创业，以突破关键技术、发展高新产业、带动新型学科，不断提升自主创新能力和科研技术水平。"海外高层次人才引进计划"成为一个关键性的起点和标志性事件，带动了此后一系列海外人才引进专项的出现，涵盖了高端人才到青年人才、自然科学人才到人文社会科学人才、长期全职来华人才到短期兼职来华人才等。高水平海外人才的引进，对推动我国未来科技、产业跨越式发展以及在短期内实现关键技术创新提供了强大的智力保障与技术支撑，但大规模、集中性的海外人才引进，不可避免地改变了我国高校教师队伍的整体布局和内部结构。

"海外高层次人才引进计划"等项目的实施，导致我国高校师资队伍中海外人才与本土教师在结构组成上发生变化。根据人力资源和社会保障部、教育部公布的相关数据，海外人才已逐渐成为我国各类人才队伍的重要组成部分，自"海外高层次人才引进计划"启动以来，我国从海外引进的高层次人才数量，是1978—2008年引进总量的20余倍。[①]大规模高水平海外人才的引进，提升了高校的国际化程度，激发了高校的组织活力与核心竞争力，使海外引进人才在人才队伍中所占的比例逐年增加。以H高校为例，2009年年初，为顺应国家大力引进海外人才的政策导向，学校制定了《全面提升国际性规划纲要》及实施细则，并颁布实施了《引进海外人才暂行规定》(以下简称《暂行规定》)及分学科实施细则。《暂行规定》的出台，旨在加速学校师资队伍的国际化进程，不断会聚拔尖人才，构建创新团队，积聚后备力量，实现关键学科、关键领域的创新突破。在具体内容上，项目主要是在学校亟须提升国际化水平的学科设置级别不同的A、B、C、D、E五类岗位，其中A、B、C三类岗位主要面向外国专家和长期在海外工作的中国籍专家设置，E岗位主要面向使用外国母语从事外语教学和专业技术性较强的管理工作的海外人士设置。每类岗位均设全职岗位和兼职岗位两种，全职岗位要求每年来校工作时间不少于10个月，兼职岗位要求每年来校工作时间不少于3个月。上述五类岗位主要实行年薪制，配套较高的薪酬标准和较好的福利待遇。借此，H

---

① 崔清新，崔静，胡浩. 党的十八大以来我国形成最大规模留学人才"归国潮"[EB/OL]. (2017-02-22)[2022-12-23]. http://www.rmzxb.com.cn/c/2017-02-22/1357780.shtml.

高校希望将上自海外一流学术大师下至普通外籍雇员在内的各层次海外人才均纳入招聘范畴，而且对其来校工作时间做出弹性化要求，以鼓励和支持其通过多种形式为学校服务。

国家和学校的双重政策导向取得了立竿见影的效果，下面笔者以H高校自2009年年初政策出台至2018年年底近10年的数据为例进行说明。H高校本身是一所以人文社会科学研究见长的综合性研究型大学，在学校提供的2018年年底在岗、在编人员数据库中，2009年以前来校且仍在岗、在编的专任教师共计1127人，其中本土博士教师1010人（其中，18人虽为本土博士教师但博士毕业后曾在海外有正式工作，严格来说也应算作海外人才），海外博士教师117人（其中，99人属于人文学科领域，18人属于自然科学领域），海外博士教师占比仅为10.4%，有长期海外经历的教师占比也不过才12%。而在同一个数据库中，H高校2018年年底在岗、在编的专任教师共计1837人，按学科分类，其中，人文社会科学教师1583人，自然科学教师254人；按师资来源分类，其中，本土博士教师1416人，海外博士教师421人，海外博士教师占比增长至22.9%。

这近10年的时间，恰好是“海外高层次人才引进计划”全面推进的时间，换句话说，自国家推动以“海外高层次人才引进计划”等为代表的海外人才引进战略以来，在H高校有针对性地提出《全面提升国际性规划纲要》并颁布实施《暂行规定》以来，截至2018年年底，H高校共计新增在岗、在编专任教师710人，这其中包括本土博士教师406人（其中，26人虽为本土博士教师但博士毕业后曾在海外有正式工作，严格来说也应算作海外人才），海外博士教师304人。近10年新引进的教师中，海外博士教师占比高达42.8%，有长期海外经历的教师占比更是达到46.5%。由此可见，以“海外高层次人才引进计划”等为代表的海外人才引进项目的实施，在改变高校人才结构方面产生了十分明显的效果。例如，国家和学校项目的实施，带动了H高校各学科对引进海外人才的迫切需求，人才队伍结构得到改善，师资队伍国际化程度显著提升。同时，上述项目也在很大程度上加大了H高校在自然科学领域的人才引进力度，在不以自然科学为主的H高校，自然科学海外人才比例提升如此明显，这也从一个侧面说明了国家在人才项目设计方面仍旧存在着向自然科学倾斜的事实。类似情况也出现在B高校，在“海外高层次人才引进计划”实施的前几年，也就是2009—2014年，B高校教学、科研人员构成方面，留学回国人员的比例从2009年的21.9%上升到2014年的28.9%，其中，新增教师中，61.9%的人为海外留学回国人员，50.9%的人曾在海外高校或科研机构获得博士学位。

海外人才对一所高校整体的人才培养、组织建设、学科发展有着重大影响，他们的学术职业发展与学校的学科建设、整体规划紧密联系在一起，在推动国家经济社会持续快速发展和关键领域科技创新方面发挥着巨大作用。但随着海外人才所占比例的逐渐增大，在教师招募甄选过程中，原有的固定岗位纷纷向海外人才倾斜，加之大批量的海外人才引进对各种资源形成了绝对占有，本土教师成长遭遇很大程度上的冲击，这加剧了本土教师的竞争压力。同时，在实际操作中，部分高校和科研机构对于国家海外人才引进政策了解得不够深入和透彻，盲目追求海外人才数量，在很大程度上忽视了人才的适用性和内在质量，导致引进的部分海外人才存在“有才而无德、有成果而不懂教学、水土不服、作用无法充分发挥”等问题。在大批量引进海外人才的同时，给予其过多的资源配套，使得本土教师成长与海外高端人才职业发展之间的矛盾日益凸显，本土教师的成长与发展在很大程度上受到压制。

3.1.3 本土教师在教师招募甄选环节受重视程度呈下降趋势

除对候选人的海外经历有特殊要求外，目前“调入”正逐渐成为国内高校师资力量的重要补充方式，目标人群是已经在知名高校或者科研机构有过一定工作（含博士后）经历的青年教师。同时，随着以“四小青”[①]为代表的国家级青年人才项目的纷纷出台，各高校对国字号头衔人才（“帽子”人才）的争夺愈加激烈，不从自身实际需求出发，未经全面、深入考察，唯论文、唯职称、唯学历、唯奖项的“四唯”倾向仍然相对明显和突出。“帽子”人才与高校招生规模、高校排名、学科评估、经费获取及科研项目申请等直接相关，可以在短期内提升高校多项数据指标，但鉴于“帽子”人才的培养周期都比较长，很多高校出于急功近利的心态，把精力投入直接抢挖“帽子”人才方面，甚至在抢挖过程中举全校之力，不惜花费重金。上述抢挖“帽子”人才的行为，忽视了人才成长规律和引才的学科契合度，仅凭“帽子”的名气做出选人判断，导致选才评价体系失当，这在客观上助长了人才泡沫，造成引才“重名气而不重能力，重头衔而不重需求”的倾向。抢挖“帽子”人才的做法，更多情况下发生在西部高校。2019年全国政协教育界别联组会上，全国政协委员、西北师范大学校长刘仲奎在谈到这一现象时颇感无奈，指出，“双一流”建设和

① 四小青指青年千人计划、青年长江学者、青年拔尖人才支持计划、优秀青年科学基金。

第四轮一级学科评估等重大工作启动以来，全国高校人才竞争呈现出愈演愈烈的态势。他表示，“人才外流对西部高校来说几乎就是‘抽血’，对有些学校的部分学科来说就是‘伤筋动骨’”。[①]

“调入方式为主”和“帽子人才优先”的师资补充方式，在国内高校尤其是精英高校已经非常普遍，直接后果就是国内高校应届博士毕业生的选留渠道全面压缩，申请教职的门槛非常高。例如，在2009—2018年，H高校累计招聘新教师710人，其中通过调入方式来校者共计568人，占新招聘教师总数的80%，选留国内的高校毕业生仅142人。上述调入的568人中，海外调入人员301人（含海外取得博士学位和海外经历），国内调入人员267人。国内调入人员中，国内高校或科研机构博士后出站141人，已经在国内高校获得正式教职的126人（其中，在调入之前已经受聘副高级及以上职务的，或者来校即受聘副高级及以上职务的，共89人）。

为了保证研究的针对性，本研究再把关注点聚焦于人文学科，同时重点以文、史、哲3个研究领域为例进行研究。下面对B、N、H三所高校现有的师资队伍数据进行分析，这3所高校均为国家“双一流”建设大学，其中，B高校文、史、哲3个领域共有6个学科入选“一流学科”；N高校文、史、哲3个领域共有4个学科入选“一流学科”；H高校文、史、哲3个领域共有3个学科入选“一流学科”。在2009年年初至2018年年底这近10年的时间里，上述3个研究领域中，B高校共新招聘教师67人，其中国内高校毕业直接留校的只有1

① 王聪，李梁. 刘仲奎委员：让西部高校人才“留的下”“待的住”[EB/OL].（2019-03-08）[2020-07-02]. http://www.rmzxb.com.cn/c/2019-03-08/2304799.shtml.

人，调入66人（包括博士后9人，其他单位调入25人，海外博士32人）；N高校共新招聘教师88人，其中国内高校毕业直接留校的有20人，调入68人（包括博士后36人，其他单位调入21人，海外博士11人）；H高校共新招聘教师130人，其中国内高校毕业直接留校的有32人，调入98人（包括博士后37人，其他单位调入25人，海外博士36人）。上述高校招聘的教师，抛开优先招聘的海外博士不谈，其他选聘教师也主要以调入为主，由此可见，本土博士毕业后直接获得教职的可能性很小，部分本土博士因为达不到基本的招聘门槛而无法进一步展示自己的能力，这对于有潜力的本土博士来说着实是一种资源浪费。同时，上述数据可以清晰地反映出，博士后制度已经成为高校选留教师的重要途径。此外，上述3所高校的数据对比也呈现出一个有意思的现象，新招聘教师最多的H高校，其选留本土博士教师和海外博士教师的数量最多，但入选“一流学科”的数量最少，虽然导致这一现象的原因很多，但由这一有意思的现象显然可以看出并不是海外人才引进数量多人文学科整体实力就一定强。

3.2 考核评价环节面临的困境

科学合理的考核评价体系对于高校人文学科青年教师成长具有引导和助推作用，是促进青年教师学习和成长的动力。科学合理的考核评价体系不仅可以为学校分配资源提供相对客观的依据，为学校人才培养、教师职务评聘等提供决策参考，还可以对教师本身所取得的成绩、所做出的贡献给予客观认可与肯定，在规范教师行为、促进教师成长方面发挥着关键作用。当前，我国高校都在全面改革和优化高校教师考核评价制度，随着高校教师普遍从身份管理转变为岗位管理，教师考核评价工作将不断被赋予新的内涵。当前国内高校青年教师的关键产出往往集中于学术研究成果、教学成果与社会服务成果3个方面，对其成果进行评价时应全面兼顾、不可偏颇。但目前我国高校教师绩效考核和职务评审片面强调高水平科研期刊论文发表情况，未将教师分类考核评价落到实处，仅仅将同一标准的科研成果发表数量和项目申请级别作为不同学科教师考核和职称评定的主要参考依据，是缺乏科学性和合理性的。上述问题从考核评价机制方面限制了高校人文学科青年本土教师的职业发展。

3.2.1 考核评价指标体系相对单一

在“重科研轻教学、重眼前轻潜力”的评价思路下，当前高校的学术评价体系行政化色彩较浓。事实上，将期刊论文发表作为教师考核评价的一项重要指标，本无可厚非，但需要指出的是，期刊的种类及作用在本质上应该是多元化的，但在行政化色彩较浓的职称评审“指挥棒”作用下，以及在当前过度国际化的整体背景下，这种多元化在很大程度上被忽视，海外期刊论文发表成为高校教师的首要选择。海外人才在海外资源、国际合作课题及外语能力等方面具有得天独厚的天然优势，自然在该考核评价指标体系下“如鱼得水”。与之相比，人文学科学术成果的发表更多地依赖于学术兴趣及语言表达，且本土培养的青年教师一般没有丰富的成功发表国际学术期刊论文的经验，因此，人文学科青年本土教师在该评价体系中就会感觉处于困境，他们既要迎合海外学术期刊论文发表的范式要求，又要按照国际学术发展调整自己的学术兴趣与研究选题，还要迎接外语语言与思维模式转换的挑战，甚至为提高稿件被接收率，部分人文学科青年本土教师还必须放弃本领域常用的质性的研究方法，转而从事语言要求相对较低的量化分析，从而丢失相应研究所能带来的真正价值。

受考核指标中海外期刊论文发表优先的影响，人文学科青年本土教师往往会将自己认为最出色的论文投给海外顶尖期刊，其次才考虑一般的海外期刊，再次是国内外文期刊，最后才是国内中文期刊。这直接导致国内越来越多的创新性成果以外文形式发表在海外期刊上，相关成果第一时间为海外学者所掌握，而本土同样具有较高水平的期刊却苦于没有优质稿源，在学术交流中日益边缘化。这一现象的出现，既是高校考核评价导向所带来的问题，也与中文期刊自信心不足不无关系。平心而论，国际普遍认可的自然科学范畴的海外顶级期刊，无论是从接收论文的学术质量还是从引用价值来看，都远超国内中文期刊。但是，聚焦到人文学科尤其是涉及本土古代研究的文、史、哲领域，国内很多中文期刊的质量毫不逊色，甚至从收录文章的研究深度、专业程度和影响力来说，很多国内中文期刊已经超越海外期刊。所以，高校在进行期刊分级时，不应单纯依据期刊是不是海外期刊，而要综合考虑所在学科领域的特殊性。同时，从海外期刊可以作为中国研究在海外的“学术普及”纽带这一点来说，中文期刊尤其是一些层级和水平较高的中文期刊应该带头反思，找到自身与海外顶级期刊的差距并寻求接轨的可能性，探寻中文期刊的特色发展之路，实现中文期刊的本土化战略突围。事实上，实现高等教育本土化，在世界范围内传达中国声音、讲述中国故事，本土中文期刊应该有自己的道路。而且，从功能上来说，期刊不仅需要承担专业学术化任务，同样需要承担知识普及任务，所以可以根据职能的不同错位化发展。

正如学者刘忠范所言，“中文科技期刊的角色定位，首先应该是向中国人传播科学的途径，而不是扩大国际影响力的工具”①。

在学术评价过程中，要充分结合学科特点进行分类评价，既需要基础理论研究，也需要解决实际问题的应用研究。以人文社会科学为例，学科内部的差异性导致人文学科与社会科学存在不同的特点，尤其是对于以研究古代文化为主的文、史、哲学科来说，很多高水平研究在国内进行，海外期刊发表的有关中国的研究论文，其广度、深度以及专业程度都存在很大的提升空间。如果在评价过程中与其他学科同等对待，片面强调海外期刊论文发表这一量化指标，显然是失之偏颇的。但伴随各高校国际化发展的需要，很多海外期刊被提升到了和实际水平极不相符的位置并被作为职称评审的重要参考标准，这是十分不科学的。比如，笔者在与H高校一位中国史领域的青年教师进行访谈时，其特意举了一个例子，该研究领域国内公认的权威期刊是《历史研究》，但在有些学校，出于国际化需求，一些研究并不深刻的学术普及类海外期刊被提升到和《历史研究》相当的学术层级，这一导向充分体现了部分高校盲目追求国际化的问题，也表明当前期刊论文分级尚带有很强的行政化色彩，政策制定者在学术把关方面不够严格、态度不够严谨。笔者认为，对人文学科青年本土教师评价时可以将论文发表作为一项评价指标，但其在专著出版等方面的贡献亦应纳入评价指标体系，因为单就人文学科而言，美国研究型大学一般都要求有一部被同行认可的专著，而且越看重科研的大学对专著的水准要求越高。对社会科学类青年教师的评价，还可适当添加调研报告、咨

---

①刘忠范．中文科技期刊的独特使命——谈中文科技期刊的发展［J］．科技导报，2017，35（21）．

询报告成功应用指标，以及科研经费的申请与科研项目的完成情况等指标，总的来说，应充分结合人文学科的研究特点和人文学科教师的性格特质进行评价，而不应只将评价指标单一地局限于期刊论文发表尤其是海外期刊论文发表。

3.2.2 教师分类评价尚未落到实处

正如前文所强调的，高等教育的根本使命及首要职能是高水平人才培养。如果仅以增加发表论文数量和提升论文质量为终极目标，那么大可通过完善我国的科学院和社科院建设，专门开展研究和撰写论文实现，没有必要兴师动众办高等教育。我国当前提出的高等教育“双一流”建设目标，其中无论是一流大学建设还是一流学科建设，都必须特别重视人才培养质量，而人才培养质量能否提升，关键在于教师教学能力的优劣。教育部明确提出，高校教师考核评价要突出教育教学业绩，所有教师均需承担教育教学工作。2018年发布的《“长江学者奖励计划”管理办法》也明确将“胜任本科核心课程讲授任务”以及“在教学科研一线工作”作为申报基本条件，并且明确将“开设学科前沿课程，每学年至少高质量地讲授一门本科生课程”①等作为长江学者特聘教授的岗位职责并指出要进行严格考核。

目前大多数高校都将科研水平作为考核的重点，对于教师教学只做最基本的要求。相对而言，学术研究工作虽然要求有精深广博的学识与大量的时间投入，但效果相对容易显现。而与之相比，教学工作

① 中共教育部党组关于印发《“长江学者奖励计划”管理办法》的通知［EB/OL］.（2018-09-21）［2020-07-02］. http://www.moe.gov.cn/srcsite/A04/s8132/201809/t20180921_349638.html?isappinstalled=0.

需要教师投入更多的精力与时间，成果却不能很快地体现出来，所以难以在短期内看到工作成效。现有教师岗位考核评价常常与绩效薪酬体系相关联，教学类奖励在现有奖励体系中偏少，且多为教学学分、教学科目、教学荣誉称号等，科研类奖励的分量远远高于教学和其他非科研类奖励，考核标准也多为客观指标，如获得国家各类奖项的数量、纵向和横向课题经费数额、期刊论文发表数量等，方便量化衡量。在量化考核评价体系的指引下，青年教师很容易产生功利性思想，把工作重点放到容易显现成果的科研项目和科研论文发表上，而忽视日常教学工作。实际上，与自然科学不同，人文学科学生知识的增进、研究方法的获取在很大程度上更依赖课堂内教师授课、分享与引导，如果青年教师的教学精力过多地受其他因素牵制，不仅不利于自身知识的继续习得、教学能力的提升，也会对高校教学质量的提升产生严重影响。学者廉思曾经带领自己的团队，就教学和科研关系问题在全国调研了5000多位青年教师，其中，超过60%的青年教师表示会把做科研课题放在教学之前，67.8%的青年教师认为教学质量对于个人晋升影响不大，32.5%的青年教师认为将部分精力投入教学主要是迫于学校教学考核压力，真正将学生认可度当作压力的不足20%。①

我国高等教育界已经逐渐认识到教学工作的重要性，并开展了一些教师分类评价尝试，很多“双一流”建设高校已经开始对教师进行分类设岗并进行差异化管理，如北京大学将教师队伍分为教研系列、教学系列和研究技术系列，中国人民大学将教师队伍分为教学科研型、教学为主型和科研为主型等。上述分类的出发点虽然很好，但

---

① 廉思．工蜂：大学青年教师生存实录［M］．北京：中信出版社，2012．

在考核指标设定和具体执行、落实方面还存在诸多问题。比如“教学为主型教师是否需要科研”和“科研为主型教师是否可以放弃教学”等，这些问题仍有待探讨。事实上，高校教学工作和科研工作是相辅相成、密不可分的，一些教学为主型教师如果不及时关注科研进展，则知识更新将会出现严重问题，导致授课素材更新缓慢，高水平教学胜任力不足；而部分科研为主型教师疲于应对科研而逐渐淡化教学，教学能力严重下降。加之教学工作的考核评价本来就难以通过量化的方式进行，而且评价层次的显示度和可信度都难以保证，所以对科研和教学进行分类管理，如果不经过科学论证，只是停留在表面形式，将很难达到预期效果，很可能最后重回依据科研成果进行评价的老路，即更容易量化的科研论文发表数量和课题项目情况依旧是考核评价和职务晋升的最主要参考依据。

3.2.3 评价标准没有区分学科差异

教育部积极倡导“坚持分类指导与分层次考核评价相结合，根据高校的不同类型或高校中不同类型教师的岗位职责和工作特点，以及教师所处职业生涯的不同阶段，分类分层次分学科设置考核内容和考核方式”①。而实际上，当前国内高校教师评价标准普遍缺乏特色，不同办学定位、不同办学层次高校的教师评价指标体系仍存在高度重合的情况。同时，同一高校内部不同学科间教师评价指标体系趋同情况也很严重。例如，对于人文学科青年本土教师而言，他们在进行科研

① 教育部关于深化高校教师考核评价制度改革的指导意见［EB/OL］.（2016-08-29）［2020-07-03］. http://www.moe.gov.cn/srcsite/A10/s7151/201609/t20160920_281586.html.

考核和职称评审时，评价标准和自然科学一样，同样以出版专著、在核心期刊尤其是海外期刊发表论文、获得科研项目的级别、科研经费的数额以及获得科研奖励的数量等科研方面的业绩为主要评价指标，而且对于上述指标的数量要求也与自然科学差异不大，未充分考虑和体现人文学科研究的特殊性。

事实上，由于人文学科领域的研究具有研究周期长、研究性质相对独特等特点，人文学科青年本土教师为取得一定的学术成果必须具有更高的“自律性”并投入更多的时间，但同质化、定量性的评价标准“给广大研究人员，尤其是青年研究人员带来了心理压力乃至生存压力，成为学术腐败的重要催化剂之一。这种评判方式束缚了他们想象的自由和探索的从容，限制了学术创新潜能的发挥”①。大部分青年学者迫于考核压力，无法完全结合自身专长和学术兴趣开展研究，而是急功近利地为了发表期刊论文而进行学术研究，研究内容和研究价值都存在低水平重复问题，难以产出高质量并具有本土特色、能够解决本土问题的科研成果。笔者在访谈一位B高校历史学本土青年教师时，被访谈者特别提到他正在撰写的一篇4万字的学术长文，在他看来，这篇长文是他多年来潜心研究的成果，但苦于可发表的期刊载体太少，而且面临学校职称评审对于论文数量和文章发表时限要求的压力，他正在权衡是否将这篇长文拆分为4篇文章分别发表。

中共中央办公厅、国务院办公厅印发的《关于分类推进人才评价机制改革的指导意见》明确提出，人文学科评价标准要“根据人文科

① 党生翠．美国标准能成为中国人文社科成果的最高评价标准吗？——以SSCI为例［J］．社会科学论坛，2005（4）．

学、社会科学、文化艺术等不同学科领域，理论研究、应用对策研究、艺术表演创作等不同类型，对其人才实行分类评价”[①]。比如，文、史、哲类更加看重专著出版，而社会科学更加青睐高质量的期刊论文发表，理工科还要适当参考各种课题和项目等。因此，对于上述不同学科仍采用同质化、定量性的考核方式，如论文期刊级别和论文数量都“一刀切”，是完全不可行的，必须重视学科差异，因时、因地和因人而异地制定差异化评价标准。同时，对于人文学科尤其是极具中国特色的人文基础类学科而言，这些领域大多数优秀学者都在国内，没有必要在一级学科评估和相关专业评价时再硬性规定引进海外人才数量这一指标，因为高价从海外请来的人才可能并不是本领域的顶尖人才，国内真正的顶尖人才却因此得不到应有的待遇和发展机会。同时，应当下放给学院（系）等基层单位相应的选人用人权限，而不是设定“一刀切”式的统一标准。例如，国际通用学科可以参考国际通用标准进行评价，但具有中国特色的学科要坚持以我为主，没必要完全照抄照搬。

3.3 资源配置环节面临的困境

人才资源的使用效益与高校的政策资源、人才项目等外部资源的供给情况密切相关，外部资源影响着人才资源效益的发挥，而外部资源的获取情况直接影响着高校人文学科青年本土教师自身效益的发挥。当前，为鼓励海外高层次人才引进，帮助更多优秀人才脱颖而

① 中共中央办公厅 国务院办公厅印发《关于分类推进人才评价机制改革的指导意见》[EB/OL].（2018-02-26）[2020-07-04]. http://www.gov.cn/zhengce/2018-02/26/content-5268965.htm.

出，遴选、引进和培养一批中青年学术带头人，为高水平人才搭建更好的科研平台，国家先后推出和启动了一系列重要的人才政策和人才计划。伴随着国家人才计划的出台，各省、市配套的相关人才计划也纷纷上马。人才项目是国家实施人才强国战略的主要途径，它们与高水平的薪酬待遇、学术平台搭建、科研经费配套以及其他特殊支持政策直接挂钩，成为高校教师获取研究资源与平台支持的重要方式。但从目前国内人才项目的顶层设计来看，明显存在着“重自然科学轻人文学科、重高端人才轻青年教师、重海外人才轻本土教师”的情况，可供人文学科青年本土教师申请的人才项目过少，这导致人文学科青年本土教师在资源配置方面面临严重困境。

3.3.1 人才项目设计的有效供给不足

以“海外高层次人才引进计划”为例，其针对的目标人群主要是自然科学领域和工程技术领域人才，人文社会科学主要涉及经济、金融和管理以及后来新增的知识产权法、环境与资源保护法、国际法、国际经济法、国际关系、外交学和心理学等有限的几个专业，狭义的以文、史、哲为代表的基础人文学科，因为意识形态方面的诸多考虑，一直未被纳入申报范畴。鉴于各种人才项目名目繁多，本研究主要选取与青年人才学术发展密切相关的“四小青”人才项目进行研究，通过对上述人才项目的申报条件进行解读，探讨人文学科青年本土教师在人才项目申报过程中面临的弱势化和边缘化现实困境。

“海外高层次人才引进计划”青年项目自启动之初便明确定位为面向海外青年人才的最高层次项目，重点针对自然科学和工程技术领域，申请人需要在海外知名高校获得博士学位并且至少具有3年以上的海外工作经历，年龄不得超过40周岁。申报者必须在海外知名高校取得博士学位，这在申报门槛方面就将一批在海外经受过博士后等相关专业训练、同样出色的本土博士排除在外了。“优秀青年科学基金”和“国家杰出青年科学基金”一起构成了比较完备的高层次青年人才资助体系，有效完善了国家自然科学基金项目入选者的年龄梯次，项目同样主要倾向于自然科学基础研究领域，“国家杰出青年科学基金”要求申请人年龄在45周岁以下，“优秀青年科学基金”要求申请人男性38周岁以下，女性40周岁以下，必须具有高级专业技术职务或者博士学位。“青年长江学者”则要求自然科学候选人为38周岁以下，人文社会科学候选人为45周岁以下，国内申请人原则上应该具有副高级及以上专业技术职务。相对而言，“青年拔尖人才支持计划”的申报门槛在上述四类项目中相对较低。项目主要针对国内高校毕业的青年学者，要求入选者在申报单位工作1年以上，自然科学、工程技术、哲学社会科学、文化艺术领域皆可申报。为支持项目入选者自主开展科学研究，该计划提供高额度的经费资助，其中，哲学社会科学、文化艺术领域入选者可获得30万～60万元资助，自然科学领域入选者可获得120万～240万元资助。“青年拔尖人才支持计划”虽然对入选者所在的学科领域无明确限制，但在资助力度和自主指标分配上明显倾向于自然科学领域。同时，需要注意的是，上述四类项目面向的是青年人才，但在具体申报条件上仍有特殊限制，即较少将刚刚步入工作岗位的青年学者纳入其中。比如，“海外高层次人才引进计划”青年项目要求候选人至少具备3年海外科研工作经历，“优秀青年科学基金”要求候选人具有高级专业技术职务或博士学位，

“青年长江学者”要求国内候选人具备副高级及以上专业技术职务等。这意味着可供国内高校毕业生申请的人才项目仍然相对稀缺，而且仍要与具有一定科研工作经验的高层次青年学者进行激烈竞争。

目前我国的重大人才资助项目主要针对的是自然科学和工程领域优秀人才，而人文学科研究领域缺少专门的人才支持计划。同时，现有的青年人才专项支持计划也主要针对的是青年教师队伍中的拔尖人才，同一青年学者同时入选多个人才项目的现象比较普遍。有关统计资料显示，现在入选的443位青年长江学者中，247人同时获得国家优秀青年科学基金资助或入选青年拔尖人才支持计划，重复资助比例高达55.8%①。因为上述项目与学术资源配置、职称晋级以及薪酬提高直接挂钩，所以青年人才内部学术资源两极分化严重，国家政策难以普惠青年人才。因此，国家和各级政府应当在充分考虑人文学科特点的情况下，建设专门针对人文学科领域的人才专项，提升精英高校人文学科领域的整体师资水平。在资源配置的过程中，应当明确学校定位、发展规划，人文学科和理工科应有不同的评价标准和不同的发展侧重点。同时，资源分配要合理规划，不能形成资源分布的马太效应，换句话说，资源不能过多集中于高端人才，而应该从人才发展不同阶段的不同需要出发进行合理分配和规划。

3.3.2 资源配置的马太效应日益加剧

资源配置涉及人与人、人与物之间的关系，要想资源利用最大

---

① 刘尧. 以“帽”取人的人才政策效应何以遏制——从教育部发布的《长江学者奖励计划管理办法》谈起［J］. 上海教育评估研究，2018，7（6）.

化，需要高校充分了解人才队伍的需求，提供符合高校人才需求的物质激励和发展机会，这样才能促使人尽其才，最大限度地发挥个人价值，使教师个体发展与高校“双一流”建设有机结合，最终实现收益最大化目标。海外人才在推动国家经济社会快速发展和核心关键技术创新方面无疑发挥了巨大作用，但高校和科研机构对于海外人才引进存在着或多或少的曲解，大批量的人才引进及资源配套设计并未与本土教师资源配置和发展规划进行统筹协调，也未充分考虑大规模集中引进高端海外人才对青年本土教师发展所产生的负面影响。如此一来，青年本土教师与海外人才便在资源配置上产生了明显的不均衡、不协调，从而使得青年本土教师呈现出一定程度的弱势，成长受到压制。高校在青年教师软硬件资源配置方面存在严重的不公平现象，这一方面和资源本身的有限性相关，另一方面也和国家大规模引进海外人才的战略导向密不可分。

从国家顶层设计来看，国家出台的一系列人才制度、人才政策大都为海外人才开辟了绿色通道，并通过设计人才项目等方式给予海外人才大量的相关配套支持。以“海外高层次人才引进计划”为例，该计划的激励体系涵盖引进人才的发展机遇、薪资待遇、配套措施、生活保障等多个方面。在发展机遇方面，入选者与国内本土高层次人才一样拥有担任高校领导职务、申请重大专项、参评国家各类奖励机会。在薪资待遇方面，国家在为入选者配套大额科研启动经费的同时，中央财政还会给予每人100万元人民币且免征个人所得税的一次性生活补贴。在福利保障方面，入选者落户时可不受户籍所在地限制，可在国内任选城市落户；享受5年住房、伙食补贴；解决入选者的后顾之忧，其配偶由用人单位安排工作或发放生活补贴，同时享受子女就学、社会保险、就医绿色通道等方面的福利待遇。

由于针对人文学科青年本土教师的国家人才项目相对较少，仅有的几个项目也多为拔高型项目且重复入选现象严重，普通的人文学科青年本土教师在激烈的项目申报竞争中很难分到一杯羹，国家现有的人才项目体系无法给人文学科青年本土教师带来普惠式的资源配套。更为严重的是，与上述国家人才项目体系相衔接，各高校纷纷设立了自己的人才支持计划，“帽子”人才除享受入选国家人才项目可获得的所有资源外，还可直接对应进入高校自己的人才支持计划体系，在工资性收入保障、科研经费配套、科研团队搭建、博士后招收、周转住房安排等方面获得更优厚的资源保障。换句话说，入选国家各类人才项目的高层次人才，凭借其“帽子”的含金量，可以同时享受高校内部提供的政策和资源支持，其得到的政策和资源支持是国家和学校双份的。以H高校为例，青年教师如入选“四小青”人才项目，则可以直接对应校内人才支持计划青年岗位的最高档，除享受国家配套的资源外，学校和学院（系）还将为其单独提供相应的薪酬待遇、工作（实验）用房、校内周转房及其他配套措施。具体而言，除可享受相应级别的教师岗位薪酬外，还可以获得学校人才计划提供的每年15万元的特殊津贴。在科研团队建设方面，学校提供科研启动经费，受聘教师可通过审批方式购买大型实验仪器设备。在博士生招收、博士后招收等方面，学校优先保证“帽子”人才的实际需要，给其招收名额的优先分配权，并优先为其组建科研团队。此外，H高校还会为海外人才安排周转房。其先前制定的《周转房管理细则》明确提出：新到校工作受聘副教授岗位的海外归国博士，可申请一居室或两居室；

而新到校工作的世界一流大学博士学位获得者，可申请一居室。据此可见，H高校关于周转房的分配方案明显倾向于海外人才，而且专门针对海外毕业的博士。换句话说，有海外经历的本土博士以及新来校工作的本土博士，根本没有资格申请周转房。本土教师中，只有新到校受聘教授岗位的职工，才具备申请周转房的基本条件，可申请的房型和新来校受聘副教授的海外归国博士一样。2018年年底，H高校对周转房管理办法进行了调整，但调整后的分配标准还是以申请人是否纳入校内的特殊人才支持计划为主要依据，如前所述，在该人才计划的申请上，海外人才的优势相当明显。所以在薪酬待遇、学科平台和政策资源等方面都处于劣势的人文学科青年本土教师，在住房方面也处于弱势地位，而这其实正是他们在职业生涯初期面临的最大、最现实、最急需解决的困难。

3.4 发展激励环节面临的困境

随着高校教师与高校逐渐向现在的契约关系转型，它所带来的危机意识使青年教师对于未来生活、发展产生了不确定感。尤其是对于人文学科青年本土教师来说，其在职业生涯初期阶段面临着比自然科学教师、高端人才以及海外人才更大的工作和生活压力。其从原本可以安心从事教学、科研工作的状态变为必须主动迎合当前过于量化的成果导向的非升即走、末位淘汰式的科研考核机制的状态。更令他们感到忧心的是，他们参与制定高校重要政策的机会较少，缺乏话语权，属于高校管理体制下典型的弱势群体。调查发现，70.6%的青年教师表示无缘参加学校重要政策制定相关会议，而在曾经参与政策制定的青年教师中，58.2%的教师表示学校没有真正采纳青年教师的意见。[①]话语权的缺失，导致高校当前针对人文学科青年本土教师的晋升激励体系不够完备，激励形式过于单一，晋升通道不够顺畅，培养开发流于形式。

3.4.1 职称晋升通道不够通畅

晋升与发展是高校在分析、评价教师能力的基础上对其进行价值衡量的过程。合理的晋升制度与发展规划对于高校选人、用人、育人、留人具有重要意义，有助于形成人尽其才、才尽其用的良好的制度环境。作为高校发展的“发动机”和“指挥棒”，国内高校职称评审普遍存在着“晋升标准不科学、高级职称职数少、论资排辈现象严重”三大难题，人文学科青年本土教师很难在短时间内获得脱颖而出的机会。

3.4.1.1 晋升标准有待商榷

当前的职称评审仍旧与科研成果直接挂钩，尤其是以论文和科研项目数量为指标的功利性的职称评审制度，给正处于定方向、打基础阶段的人文学科青年教师带来了极大压力，他们挖空心思对标职称评审条件发表论文，疲于奔命地申请高级别科研课题。由于其在职业生涯初期学术资源及人脉不足，与海外人才、高端人才以及自然科学教师相比，人文学科青年本土教师在国际期刊论文发表、科研项目尤其是高层次科研项目申报方面处于绝对劣势地位。以科研项目申报为例，据调查，61.2%的青年教师主持过校级课题项目，48.9%的青年教

①孟莉，杜卉卉. 高校青年教师的生存境遇研究［J］. 煤炭高等教育，2015，33（1）.

师主持过省部级课题项目，仅有19.4%的青年教师主持过国家级课题项目。在科研经费数额上，55.3%的青年教师表示申请到的科研项目经费在5万元以下。[①]由于申请不到高层次科研项目，科研工作缺乏经费支持而无法深入持久，因此人文学科青年教师无法产出高水平的研究成果，而没有高水平的研究成果做支撑，其更没有机会获批高层次的科研项目，更难产出高水平的研究成果，如此恶性循环，导致如果没有专门的职称特批通道，人文学科青年本土教师很难在职称评审中取得突破。值得一提的是，笔者在前文已经介绍过，当前高校教师考核评价过程中出现了过度国际化的倾向，这种倾向在职称评审条件方面也有体现，许多高校都将有一定期限的海外经历以及一定数量的海外论文发表作为职称评定的硬性条件，这对人文学科青年本土教师来说，要想晋升无疑难上加难。

3.4.1.2 职称晋升指标尤其是高级职称指标数量过少

当前高校教师与高校转向契约关系的进程刚刚起步，这种转变针对的主要是高校新进青年教师，现有存量教师的身份观念仍然严重，他们缺乏新进教师面临的职业压力和对于未来发展的不确定感，他们的存在导致高校人力资源管理内部和外部流动机制梗阻现象严重。从内部流动机制来看，高校内部普遍存在能上不能下的问题。在大部分高校，教授仍然实行终身制，许多教师在评上教授之后就失去了继续前进的动力。从外部流动机制来看，存在着能进不能出的现象。高校教师成为许多人的职业选择，一个重要原因就是稳定，教师职业虽然收入不如企业，但其失业风险要小得多，在严格的编制

① 孟莉，杜卉卉. 高校青年教师的生存境遇研究［J］. 煤炭高等教育，2015，33（1）.

管理下，高校教师的流出机制是不顺畅的，在缺少职业压力的前提下，教师难免会缺少工作动力和工作积极性。而在海外一些国家的高校中，副教授及以上职称人员，需要接受以3年为一个周期的严格考核，考核不通过者将不再续聘。随着我国高校教师尤其是高级职称教师因为体制因素流动率的下降，国内高校普遍面临着职称晋升指标尤其是高级职称晋升指标匮乏的情况。高校每个学院（系）每年新引进的专职教师平均为三到四人，但获得的高级职称晋升指标基本只有一到两个，候选人每年只有一次参评机会，当年聘任不上则必须隔年再申报，竞争十分激烈。据统计，2005—2014年，我国高校教授数量从9.65万人增长到18.91万人，年均增长率为6.96%；副教授人数从27.82万人增长到44.86万人，年均增长率为4.9%；讲师数量增长最快，10年间净增加30.17万人，年均增长率高达7%（见图3-1）。讲师数量的大幅、快速增加，充分表明了高校高级职称指标的数量不足。越来越多的讲师长期评不上副高职称，工作积极性和进取精神必然受到影响，人才流失风险相应增加，进而直接影响高校“双一流”建设。以H高校为例，根据学校文件规定，副教授满5年方可申请参评教授职务。截至2019年5月，该校任职超过5年的副教授人数超过400人，超过9年的副教授人数接近200人，而每年职称评审给予的教授职务指标只有40个左右（已经超过了上级部门核定的职数），大批量的副教授受困于职称数量不足而无法实现顺畅的职业发展。此外，值得一提的是，为了配合海外人才和“帽子”人才引进工作，大多数高校为校外调入人才设立了单独的晋升通道，其不需要和校内既有教师一起竞争就可获得职称晋升指标，这进一步挤占了校内既有人才的上升通道和职称晋升空间。

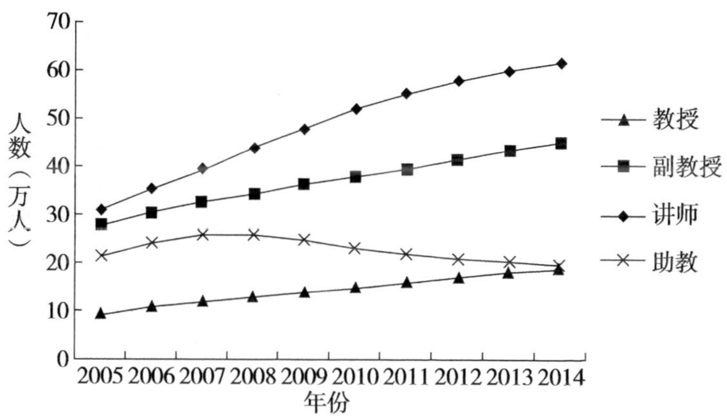

图3-1 普通高校专任教师职称结构（2005—2014年）[①]

3.4.1.3 评审过程行政化色彩较浓，论资排辈现象相对严重

当前高校教师高级职称评审程序大都采用“学校下达指标—学院排序推荐—学部集中评审—学校最终审定”模式（部分学校已经在尝试将副教授职务评审权下放到学院），行政化干预基本贯穿各个环节，尤其是在学院排序推荐和学部集中评审环节，体现得更为明显。笔者在访谈N高校文学院一位青年教授时，他特意提到了自己对于职称评审过程中学院排序推荐的几点体会：①学院推荐到学校的候选人不一定是学术能力最强的；②学院为多争取指标，有可能把学术能力最强的候选人排在推荐指标临界点的位置；③由于人文学科学术能力强弱的评判标准不如自然科学那般清晰、明确，所以候选人的推荐会掺杂更多的行政和人为因素。作为高校人力资源管理领域的长期从业者，笔者也特别熟悉学部集中评审环节的操作逻辑。与当前国家各类人才项目最终的专家评审会一样，学部集中评审实质上就是各相关学院进

① 陈橄榄．普通高校专任教师队伍结构优化研究——基于2005—2014年教育统计的量化分析［J］．现代教育科学，2016（12）.

行指标分配和博弈的过程，参会者均为各学院的主要行政领导，前来参会都带着既定的目标和任务，所谓的完全公平、公正，不过是在优先保证学院和学科平衡前提下的公平、公正，不可避免地会出现一些行政干预导致的不公现象，而在这种情况下，弱势学科青年教师往往会成为牺牲品，而人文学科青年本土教师正属于这一类别。

对于人文学科青年本土教师而言，由于学科特点不同，其研究周期、科研成果见刊周期较长，成果积累的难度加剧了职称晋升的难度。由于职称晋升道路不通畅，青年教师自身容易产生消极情绪。人文学科教师尤其是人文学科青年本土教师，长期从事基础性研究工作，达到晋升条件却因名额受限不能及时晋升，难免会挫伤其学术积极性，直接导致课堂教学热情减弱并产生职业倦怠心理，这不仅对课堂教学的实际效果产生恶劣影响，也会影响学生对于学院（系）、高校的归属感和认同感，从而影响人才培养质量和生源质量。除此之外，晋升困难也是导致高校教师流失的主要原因，因名额受限，同样优秀的青年人才迟迟得不到晋升，他们往往会迫于经济压力或晋升压力被其他高校以较高的职称待遇等为条件挖走。

3.4.2 薪酬待遇激励效应不足

赫茨伯格将组织中的相关因素分为满意因素和不满意因素两种。根据其理论界定，薪酬福利属于不满意因素，亦称保健因素，它能够在短时间内起到激励作用，是影响教师职业幸福感的重要因素。近年来，我国高等教育薪酬制度改革已经取得了跨越式发展，但从推动实现“双一流”建设目标的角度来看，其支撑作用还未得到充分发挥，我国高等教育薪酬管理在外部竞争能力、行业竞争能力以及控制内部收入分配差距等方面还存在很多问题。

3.4.2.1 我国高校教师群体的薪酬外部竞争力较弱，行业竞争力较差

高校教师属于高人力资本存量群体，其用于人力资本积累的投入远远高于普通劳动者。同时，如前面章节所述，当前高校教师的入职门槛正在不断提高，高校教师入职前的平均修业时间呈不断延长趋势，而且随着经济社会的不断发展、消费水平的不断提升，青年教师迫切希望获得与高人力资本投入对等甚至更高的薪酬回报。加之受聘教职之初正是青年教师家庭生活压力集中出现的时间段，其对于较高薪酬的需求程度也就更加强烈。

作为世界高等教育较为发达的国家，美国高校教师的薪酬待遇一直保持在一个相对较高的水平。据统计，2015年美国高校教师平均年薪标准为77480美元，是美国22个大类职业总平均年薪的1.6倍。即便是在经济压力过大导致政府投入降低的情况下，美国高校教师的薪酬也维持在较高水平。基于此，美国高校教师的离职率和离职意向都比较低。2010年的一项调查显示，希望能工作到70岁的美国教师占比为35%，而其他行业该比例仅为24%。①而在我国，高校教师人力资本投入与薪酬回报却呈现“倒挂”现象。一项基于美洲、欧洲、亚洲和非洲28个国家公立高校教师薪酬的调查结果显示，我国高校教师的平均月薪和教授的平均月薪在上述国家中均排名倒数第三，新入职教师的平均月薪排名倒数第一。②由于薪酬待遇缺乏竞争力，国内教师尤其是人

① YAKOBOSKI P. Retirement confidence on campus：the 2010 higher education retirement confidence survey［J］. Trends and Issues，2010.

② RUMBLEY L E，PACHECO I F，ALTBACH P G. International comparison of academic salaries: an exploratory study［M］. Chestnut Hill，MA: Boston College Center for International Higher Education，2008.

文学科青年本土教师被动流动或者隐性流动等的比例相对较高。

3.4.2.2 教师群体内部收入差距较大

如果说高校教师薪酬水平普遍不高，那高校青年教师薪酬水平不高似乎情有可原，但问题是，在高校教师内部，高端人才和青年教师、自然科学教师和人文学科尤其是人文基础研究类学科教师，薪酬差距相当大。根据教育部课题组于2011年基于部分直属高校教师薪酬所做的一项调查，青年教师群体已经成为当前国内高校中的低收入群体，81.9%的青年教师年收入不到10万元，34.6%的青年教师年收入不到6万元。同时，随着国家不断加大海外人才引进力度并不断提高其薪酬待遇标准，国内很多高校为更大程度地吸引人才而不断借鉴和学习欧美发达国家的薪酬议价方式和发放方式，为海外人才提供更高的薪酬待遇，导致海外人才和本土教师收入差距不断拉大。据统计，“海外高层次人才引进计划”项目入选者的薪酬标准，已经达到我国教师平均薪酬标准的6.2倍。人文学科领域的国家头衔本来就少，可供申请的人才项目稀缺，所以通过直接对应人才称号或项目而直接获得高水平薪酬待遇的可能性较小。加之人文学科创收能力较低，学院层面可以提供的补偿性薪酬有限，人文学科青年本土教师获得的待遇标准在学校各类人才群体中基本处于最低层级。随着薪酬标准两极分化现象的日益加剧，作为教师队伍中的弱势群体，人文学科青年本土教师容易因为分配不公而产生消极情绪，进而引发内部矛盾，最终导致人才流失。

3.4.3 培养开发体系不够完备

教师队伍是高校前进和发展的首要推动力，通过对其进行有效的培养和开发，能充分调动其工作积极性，实现人才资源效益的最大化，更好地服务“双一流”建设。高校只有对人才资源进行合理规划、科学布局、动态优化，使之与高校其他资源相结合、相匹配，才能更好地促进师资队伍成长与发展、使人才发挥最大潜能，以此服务高校发展需求，并为高校长远发展奠定基础，实现高校与人才的共赢。高校应基于人文学科青年本土教师的特征分析和需要分析，基于高校特殊的社会文化背景，建立有效的人才培养开发体系，充分发挥教师的主观能动性和工作积极性，使其积极、主动、愉悦地化解各种压力和矛盾，更好地在日常的教学、学术生活中获得自我角色的认同，习得正确的社会生活和交往方式，提升自身竞争优势，适应不同学生群体需求，创造出更多具有创新性以及实践价值的研究成果。与国外运营相对成熟、更加专业的教师发展中心相比，我国高校教师培养、开发工作主要存在以下两方面问题。

3.4.3.1 重培训轻培养，培养开发体系不完善

与国外相对成熟的教师培养开发体系相比，我国高校对于青年教师的培养工作带有很强的临时培训性质。事实上，培养与培训有着本质区别。培养是按照一定的目的进行长期教育和培训，它的特点是长期性、系统性；培训只是培养工作中的一个环节。建立完善的教师培养开发体系，需要专门的教师发展中心和专职的工作人员专项负责，而我国高校的相关工作，往往由校部机关和各学院分担完成，分工并不明确，方案设计互有重叠，培养体系尚不完善。我国高校对于教师的培养、开发，更多地停留于岗前培训层面，在帮助青年教师熟悉校园文化、了解规章制度、提高教学认识方面有一定作用，但缺乏具有针对性、创造性、系统性的培养项目，青年教师参与度普遍很

低，尤其是对于人文学科青年本土教师而言，教学方面的针对性培训更为重要，却长期缺位。以L高校岗前培训为例，培训时间约为入职前一周，培训手段大多为各类注入式授课，时间短，阶段性强，形式相对单一，很多青年教师参与热情不高，他们往往借口承担繁重的教学及科研任务而请假，2018年该校新入职教师岗前培训的签到率约为75%，且其中大部分参与者为学校管理职员与专业技术人员，岗前培训促进青年教师成长的初衷流于形式。

青年教师入职后将肩负人才培养和科学研究等重要工作，对于多数刚刚走上工作岗位的青年教师来说，教育相关专业理论知识的欠缺使其承担着巨大的教学压力。据了解，L高校2018年新入职教师共81人，其中仅有2人毕业于师范院校，新入职教师普遍欠缺对于高等教育学与教育心理学等课程的系统学习，因而很容易出现授课技巧缺乏、教材整合能力不佳、课堂教学效果不尽如人意的情况。同时，青年教师在遭遇教学过程中的突发事件时，往往手足无措。笔者在对N高校一位人文学科青年本土教师进行深度访谈时，其明确表示自己职业生涯初期面临的主要困难是教学，原因有两个：一个是博士阶段没有该方面专门的能力训练；另一个是没有经验丰富的老教师言传身教，由于现存的量化考核方式让他们在科研考核和职务晋升方面成为竞争对手，因此教学方面需要自己慢慢摸索。由此可见，高校应该积极开展多样性的教师发展活动，帮助青年教师尽快熟悉工作环境与权利义务，了解学校、学院（系）以及其自身的发展机会，将人文学科青年本土教师的发展规划与学校的整体发展结合起来。

3.4.3.2 重选留轻发展，培养开发缺乏持续性

高校大多注重青年教师的职前学历，忽视终身教育，使得青年

教师学术职业再培养缺位，对其开发缺乏持续性和针对性。一方面，知识经济时代，知识的创造周期和生产周期缩短，更新频率加快，因此，学习过程贯穿青年教师发展的各个阶段。随着教学与学习内涵及外延的拓展，终身学习成为青年教师知识自我更新与能力提升的重要环节，其既是终身学习者，又是终身学习者的培养者。①另一方面，高校在青年教师开发与培养过程中，缺乏对于青年教师职业发展规划管理的重视。唐纳德·肯尼迪在《学术责任》一书中提到，尽管许多未来的教授已经花了8～15年的时间为学术生涯做好了准备，但他们却对自己希望工作的地方从组织到功能都知之甚少。他们的观念和行为是他们在工作中形成的。因此，高校需要针对人文学科青年本土教师队伍的特殊性，设计一系列适合其发展的特色化、专业化职业发展路径并给予正确引导，以帮助青年教师更好地把握时代变革机遇，充分发挥积极性、主动性，促进学校发展事业与个人职业提升的统一。

B高校关于优秀青年教师全过程培养的做法很值得借鉴，其始终重视人文学科的特殊重要性，高度关注青年教师的遴选引进和培养选拔工作，不断探索青年教师队伍培养机制，为青年教师职业成长的每一步提供相应的政策支持：在引进阶段，学校以能独立开拓新的学科发展方向和具有较好发展潜力的青年教师为目标，明确学科定位和发展目标，找准学科与青年教师的契合点，积极引进真正能够带动前沿新兴学科和交叉学科发展的青年教师。引进后，强化学术资源倾斜和

① 周海涛，李虔，年智英，等. 大学教师发展：理论与实践［M］. 北京：教育科学出版社，2015.

平台支持力度，加大早期投入力度，以促成优秀青年教师快速成长、茁壮发展。该阶段强调动态管理和学术指导，在为青年教师创造独立发展空间的同时，通过聘期管理和中期评估，及时辨明其学术职业发展中的不足和缺陷，使其能够更好地规划自身学术事业。在聘期即将结束时，启动全面评估机制，以结果为导向，注重青年教师的成长和产出，最终选拔出能占领未来学术制高点的青年教师。

3.5 职业发展困境带来的负面影响

人文学科青年本土教师遭遇职业发展困境，带来的负面影响直接表现为：①被动流动和隐性流动现象加剧，导致人文学科青年教师队伍根基不稳，进而使得整个人才梯队面临断档式危机；②职业发展过程中各种困境交织出现，导致部分人文学科青年本土教师在精神层面呈现出相对消极的“亚健康”状态；③面对人才队伍断档及精神层面的“亚健康”状态，整个人文学科的内涵式发展遭遇连锁式危机，人文学科的文化功能及支撑其他学科发展的功能受到限制。

3.5.1 人才被动流动和隐性流动现象加剧

人才合理流动是涵育高层次人才、促进学科交叉与合作、产出高水平教学科研成果的必要条件，也是市场经济条件下实现人才资源合理配置并实现效益最大化的必然选择和应有之义。人才流动现象之所以产生，主要是人才在权衡其流动“带来的预期资源和收益”与“所付出的物质和心理成本”之后，为预期收益更大而做出的选择。人才流动可以分为两种情况：一种是为追求自身未来的长远发展或者为获得更好的资源、平台支持而做出的主动流动；另一种是因为当前短期考核目标无法完成、工作生活压力过大或者在发展过程中得不到足够重视而被迫做出的被动流动。对于高校人文学科青年本土教师而言，其在职业生涯发展初期面临着更大的因社会角色转变而产生的精神焦虑、更大的由教学和科研工作带来的考核压力、更严重的因资源分配不公而带来的失落和挫败感以及更沉重的因物质生活压力带来的经济负担。在上述困境的综合作用下，人文学科青年本土教师会更多地考虑缓解眼前一时的精神焦虑、工作压力、失望情绪以及经济负担等，而无暇考虑自身的长远发展，所以很容易出现被动流动的情况。

周玲在研究中将青年教师离职的原因归结为薪酬福利方案不够公平合理、资源分配引发严重的不公平感以及职业生涯发展规划得不到重视3个方面。如前面章节所述，上述3个方面在人文学科青年本土教师群体的职业发展过程中均具有典型性，因此，人文学科青年本土教师群体成为人才被动流动现象产生的重灾区。笔者工作过程中也曾遇到过不少类似案例，下面列举其中一例。该流动者为学校人文学科领域一位新生代青年正教授，其本科、硕士和博士全部教育均在国内高校完成，教学科研工作一直顺风顺水，在35岁时就顺利获评教授，亦是该校本领域有史以来较年轻的正教授之一。学校在挽留其过程中，其本人表示对学校多年来给予的支持很满意，对相关的科研平台和学术团队也表达了赞赏态度，但其反复强调离校的唯一原因是流入高校时高校曾承诺为其解决一套住房却没有做到。据了解，周边没有住房资源，学校希望通过为其租赁周转住房的方式来解决上述问题，但该教授以不方便子女就学为由拒绝了学校提出的方案。类似因物质条件而被动流动的实例还有很多，例如，处于经济发达地区的东部高校从西部高校“掐尖”抢挖青年人才，这无疑给西部高校发展带来了严重影响。

事实上，人才被动流动不但无法带来国家人才总量的增加，而且一所高校被动流出的人才也不一定必然能给流入高校带来预期的人才收益。人才流动失范中有一种现象叫作“负和博弈”，即单纯因为薪酬和住房等物质待遇而导致的被动流动，有可能在给人才流出单位带来损失的同时，因为人才水土不服而亦不能给流入单位带来预期的人才收益。这种情况下的人才流动，带来的是流动双方的两败俱伤，导致国家和学校资源重复浪费。

高校青年教师的流动率，是衡量教师队伍稳定性和成员对组织认同程度的重要标志。流动率居高不下，将会破坏组织内部成员的士气和整体组织氛围，导致高校核心竞争力下降，进而影响高校整体战略目标的实现。人文学科青年本土教师的被动流动，对于国家、高校及本人而言，都会产生不利影响。从国家角度来说，培养一名优秀的人文学科青年本土教师需要投入大量资源，如其不能顺利成才并充分发挥作用，本质上就是对于人才资源的巨大浪费；从高校角度来说，各类学科评估、人才队伍建设离不开人才引进，但更离不开高校自身的人才培养，只有能够留住人才并进而形成良好的青年教师职业发展机制和内部氛围，才能实现老、中、青三代人才队伍的合理布局，才能保证师资队伍的长期稳定；从个人角度来看，青年教师在职业生涯初期面临着因社会角色变化引发的严重职业焦虑，频繁流动将进一步加剧上述焦虑，而使其无法真正将主要精力投入教学科研本职工作，无法使其自由成长。

除被动流动，很多青年教师为解决职业发展过程中面临的现实困境，还会选择隐性流动，即在不放弃本职工作的情况下，将大量时间和精力投入其他职业，如通过社会兼职、校外授课等方式，获取相应的经济回报，以缓解现实压力。在一项针对青年教师“目前收入是否全部来自学校发放的工资和奖金”的问卷调查中，有76.9%的受访者给出了否定回答，而在其他收入来源的分类调查中，选择担任社会培训班授课教师的人数最多，比例为55.2%。事实上，职业生涯初期是人文学科青年本土教师学习能力最强、创新精力最为丰富的黄金时期，从完善人才梯队结构、搭建合理人才队伍布局以及推动优秀青年人才脱颖而出的目的出发，高校应尽可能地创造更为宽松、自由的外部环境，以支持青年教师尽快出成绩、出成果。但事实上，由于当前高校青年教师群体的薪酬标准普遍较低，学术资源分配处于弱势，因此大部分高校青年教师面临严峻的经济压力，他们不得不通过从事各种兼职来缓解经济压力，这其中甚至有14.2%的青年教师将兼职收入作为主要经济来源。短期来看，上述兼职行为确实能够缓解青年教师职业生涯初期的部分经济压力，但这与人才长远发展的需求相悖，事实上挤占了青年教师职业生涯发展初期本应用于学术思考和专业研究的时间，导致其无法充分挖掘自身潜力，降低了其学术成功的可能性。同时，由于个人精力有限，过度承担兼职工作，势必影响教学和科研本职工作质量。

因此，无论是被动流动还是隐性流动，本质上都属于牺牲事业发展黄金期来换取眼前局部利益的行为，均不符合人文学科青年本土教师职业发展的长远需求，对于高校人才梯队建设和人才队伍整体布局都会带来破坏性影响。目前，很多高校已经出现了青年人才梯队断档的情况，各高校应给予足够重视及关注。

3.5.2 精神层面呈现出相对消极的“亚健康”状态

刘贝妮通过研究指出，当前高校教师群体普遍存在过度劳累的问题，其中，重度过劳的教师占比46%，中度过劳的教师占比45.4%，轻度过劳的教师占比8.6%。长期过度劳累给高校教师的身体健康带来了严重影响，据调查，我国高校教师身体状况处于基本健康、存在各种疾病以及处于亚健康状态的人员比例分别为10%、20%以及70%，上述70%处于亚健康状态的高校教师中，有50%的人处于重度亚健康状态。而这其中，青年教师过度劳累的比例更大，过劳死的相关报道也时常见诸报端。现实中普遍过劳的工作和负面生活状态，与高校青年教师对于职业状态与职业回报的主观期待形成了巨大反差，导致其在身体已经处于“亚健康”状态的情况下还要承担来自精神和心理方面的巨大压力，即精神层面也呈现出相对消极的“亚健康”状态，具体表现为职业焦虑感增强、成就需求降低、自我效能感降低等方面。具体来说，青年教师的精神“亚健康”状态主要源于其职业发展面临的现实困境，如职业生涯初期的身份和角色转变导致其职业焦虑感加剧；过重的教学科研工作和生活压力导致其心理高度紧张；资源分配和学术发展机会分布的不公平削减了其工作热情；学术管理过程中参与度不高导致其产生局外人心态等。

青年教师入职后，首先面临的是社会角色转换问题。在此前的学生生涯时期，其可以在导师的培养和学校的指导下开展学术工作，不需要太多的社会阅历和人际交往经验，对于学术职业的认识也停留在表面。而入职高校以后，青年教师必须以讲师或者助理教授的身份独立开展工作，必须在极短的时间内感受和适应新的高校环境、管理风格以及人际关系，同时还必须尽快对自己的学术生涯进行规划，以应对未来激烈的学术竞争。而在现行的高校教师管理体系中，青年教师虽然资历最浅，却常常需要承担最多、最繁重的教学和科研任务，同时还需要承担班主任、学生社团指导以及相关外事活动等行政事务，加之还要面临职称申报的重要挑战，需要在较短的时间内完成专著出版、课堂教学、相应级别的期刊论文发表以及课题项目等，身份急速转换带来的职业焦虑与繁重的教学科研任务带来的精神压力相互交织，进一步加剧了青年教师的心理负担。

成就需要是基于精神需要发展而产生的，主要由个体的工作性质和社会地位决定。人文学科青年本土教师的主要任务是传递人类精神文明，在引导、教育学生的过程中实现自我价值和社会价值，会使其更容易获得成就感。但在现实中，高校过分重视工作绩效考评以及学术权威性与资源丰富性考评，致使人文学科青年本土教师难以获得预期的心理满足感，心理预期与实际回报的巨大差异让其产生消极情绪、妥协态度及利益诉求中的底层心态。此外，人文学科青年本土教师与高端人才共同参与各类学术活动时，由于彼此具有不同的学术权力等级，相比之下会出现不同地位带来的发言权和影响力的差异，这很容易导致青年教师产生不被重视的消极心态和挫败感。之前的研究过程中笔者曾提到双方在激励方式层面存在严重的不平衡，这也会进一步降低人文学科青年本土教师的薪酬满意度，损害其对学校制度的情感期待与依赖。长此以往，其将无法获得愿景得以实现时的愉悦心理体验，也将无法深刻体会到外界与自我对个体的认同与肯定。

3.5.3 人文学科内涵式发展受阻

人文学科建设对于高校整体发展和全面提升具有十分重要的意义。人文学科研究与自然学科研究在社会发展进程中各自扮演着不同的重要角色。与自然学科可以直接创造显性社会价值、直接推动社会进步相比，人文学科的价值更多地体现在精神层面，其研究成果给人以智慧、给人以方向、给人以方法。社会发展离不开人文学科研究，自然学科发展同样离不开人文学科研究，甚至从某种程度上来讲，自然学科发展程度越高，对于人文学科研究及其发挥作用的期待就会越大。因为虽然自然学科研究本身在价值上是中立的，但它终归需要进行成果转化并形成技术，技术一旦形成并付诸应用，便不会继续保持中立，而是会附带各种应用目的和应用方式。应用目的和应用方式之所以不同，主要原因在于使用者的价值导向不同，源于使用者处理和对待自然科学技术与人文关怀关系的方式不同。价值导向属于价值观研究的范畴，它的出现自然而然地将研究主题带入人文学科研究领域，价值观的不同，决定着自然科学技术最终是成为社会发展的助推器还是成为障碍物。自然科学研究所引发的问题绝大部分是社会问题，它不可能单纯依靠自然科学本身解决，必须有人文学科参与，正如陈先达先生所言："哲学社会科学所特有的认识世界、传承文明、创新理论、咨政育人和服务社会的作用是无可替代的。"①

党的十九大报告明确提出，加快一流大学和一流学科建设，实现

①陈先达. 哲学社会科学的作用和学者的责任 [J]. 中国社会科学，2004 (4).

高等教育内涵式发展。对于人文学科来说，实现内涵式发展需要兼顾高校学科建设、人才培养、科学研究、国际交流及社会服务等多项职能，要坚持把教师队伍建设作为基础工作，打造一支德才兼备的人文学科教师队伍。人文学科青年本土教师队伍是高校教师队伍的主力军和后备队，是高校各项职能的主要担当者和执行者，其因为遭遇职业发展困境而产生的被动流动与隐性流动现象加剧、精神层面呈现的相对消极的“亚健康”状态等，都会直接导致人文学科整体内涵式发展受阻，进而削弱其在认识世界、传承文明、创新理论、咨政育人和服务社会方面的重要作用。

3.5.3.1 人文学科青年本土教师遭遇职业发展困境，不利于人文学科向纵深发展

近年来，随着青年本土教师在人文学科新聘教师队伍中占比的逐渐下降，新入校的海外青年教师在教学过程中往往更多使用国际通用教材与专业著作，他们对于国外基础理论的讲授和研讨相对较多，而对本土经典论著的讲授和研讨相对较少，甚至一些综合性的本土经典著作未被列入研讨书目。人文学科带有明显的民族性和地域性，本土经典论著研读环节的缺位，对人文学科学生整体素养的养成将会产生很不利的影响。同时，对于青年教师而言，只有充分和深刻地掌握人文学科的基本结构与理论基础，才能更好地对前沿性、复杂性和争议性学科领域始终保持敏锐的嗅觉，因此，人文学科青年教师开展国内研究必须融入更多的本土元素，本土教师队伍的缺位对于学科发展影响巨大。

3.5.3.2 人文学科青年本土教师遭遇职业发展困境，影响人文学科课堂教学质量与文化功能的发挥，不利于新生代学术潜力的挖掘

如前文所述，高校当前重科研轻教学、过于量化的考核方式迫使

人文学科青年教师必须将更多的精力投入科研，无暇对课程内容与教学环节进行深入探索和创新设计。加之入职前未有专门的教学方面的经验积累，导致授课吸引力不足、教学质量不高。事实上，人文学科教学意义重大，它不但承担着传授知识的功能，而且承担着文化功能，人文课堂的教学、交流、分享会令学生独立思考、完善修养，从而成为具有人类良知和社会责任的知识青年，从某种程度上来说，人文学科教学的重要意义胜过科研。不仅如此，人文学科教师在关注科研考核任务的同时如能将学科前沿动态、存有争议的热点问题及时纳入课堂，营造热烈的讨论氛围，学生便可体验知识生成、创造探索的过程，其问题意识与创新能力将会得到充分培养，甚至可能有新的学术发现，从而培养学术志向，推动学科发展。

3.5.3.3 人文学科青年本土教师遭遇职业发展困境，导致跨学科研究无法开展

就本质而言，人文学科是关注人的精神世界、探寻人的生存及价值的学问。研究者在探寻真理的过程中，往往会走出自身学科的界定，将文学、历史、哲学、艺术、人类学等学科内容融为一体。人文学科往往无法在短时间内产生巨大效益，导致高校在进行资源配置时不可避免地向自然科学和社会科学倾斜。受资源限制，人文学科青年本土教师在对社会和人生进行探究时，往往仅在本领域内使用定性研究，运用文本解读、情境体悟、理性推导等方式，进行概念的界定、判断的确立、逻辑的推理和抽象的思考并形成最终表达，而无法更好地借助项目资源、平台资源、团队资源进行跨学科、跨领域探讨，无法提供更具反思性及前瞻性的学术视野。

3.5.3.4 人文学科青年本土教师遭遇职业发展困境，不利于人文学科学术团队结构优化

人文学科发展需要建立动态管理系统，不断优化人才队伍梯队建设，改善年龄结构、知识结构、学缘结构以及性别机构等。以H大学哲学院为例，其目前是国内规模较大、学科设置较全、人才培养体系较完善的“双一流”建设学科院系，学院内长江学者等高端人才数量较多，但存在队伍老化严重、青年教师后备力量不足的问题。老一辈资深教授逐渐退休，中青年领军人才衔接不上的问题将会更加凸显。进一步以该学院马克思主义哲学二级学科为例，教研室在岗的10位教师中，有7位出生于20世纪60年代或60年代以前，有3位出生于20世纪70年代，20世纪80年代及以后出生的青年学者出现断层。因此，该学院将未来人才队伍的建设目标定为在发扬传统优势的基础上尽快推出1~2名青年长江学者或者青年拔尖人才项目入选者，同时培养和招募2~3名20世纪80年代以后出生、从事马克思主义哲学原著及中国化研究的青年学者。否则，随着老一辈教授逐年退休，本土青年学者若不能形成有品牌的科研成果、高水平的教学能力，便无法快速成长、平稳补位，学院学科发展将面临后继乏力的境况。

4 人文学科青年本土教师遭遇职业发展困境的根源分析

前面3个章节已经对人文学科青年本土教师队伍之于“双一流”建设战略的重要性，以及他们在职业发展过程中面临的现实困境进行了全方位的系统描述。本章将进一步聚焦上述困境，从当前人文学科发展的整体态势、本土博士培养模式、人文学科研究的特殊规律、青年教师职业生涯初期需要的外部生态以及高校人力资源管理的行政化影响等方面入手，综合探求人文学科青年本土教师遭遇职业发展困境的制度根源，以期为寻找解决上述问题的对策提供重要依据。

4.1 人文学科发展呈现弱势化态势

当前，人文学科在世界范围内整体萎缩，由于资金支持不足，学科门类骤减，发展步履维艰。相较于理工学科的迅猛发展，世界范围内的人文学科发展逐渐呈现弱势化态势。

以德国为例，据有关资料统计，尽管德国政府每年为人文学科与研究事业拨付专项资金，但研究经费仅约占德国政府科研拨款总量的1/10。2012年，德国高校中选择就读人文学科领域的学生占比仅为25%；而教师队伍中，专门从事人文学科领域研究的教授数量，仅为高校教授总量的10%，生师比高达100：1。而在斯坦福大学，虽然人文学科教师队伍占比仍维持在一个相对稳定的状态，约占教师队伍总量的45%，但是选择就读人文学科的学生数量却明显下滑，仅约占学生总量的15%。哈佛大学也面临着类似问题，选择就读人文学科的学生数量大大减少，中途选择更换专业的学生数量大大增加。世界知名的荷兰阿姆斯特丹大学，在2014年专门发布了一份名为*Profile 2016*的规划文件，文件指出将进一步削减财政支出，废除部分小语种专业，将部分语言文学专业与文学、历史学等统一合并为“人文学科”，然后将更多的财政收入和资源投向自然科学和工程技术等领域。美国埃丁伯勒宾夕法尼亚大学对相关专业进行了调整，其中被取消的专业包括哲学、语言文学等人文基础学科。日本政府为适应工业结构变化与职业市场实际需要，在2015年提出取消社会科学与人文学部组织的政策并要求该类组织转型发展，以有效适应社会实际需要。上述知名高校的做法虽然不至于将本校的人文学科推向“灭绝”的境地，但导向的调整却真实地体现了人文学科日渐式微、发展得不到重视的现实状况。以久负盛名的伦敦政治经济学院为例，其人文学科水平和整体实力在世界范围内得到普遍认可，但基于人文学科的受重视程度不够以及研究成果评价的特殊性，其在各类世界大学排行榜中的位次都不能体现其真实水平。强势发展的人文学科也不能为高校带来应有的受重视程度，无疑成为压倒人文学科的“最后一根稻草”。

国内人文学科的发展状况也很不理想。由于与自然科学和工程技术领域研究不同，人文学科的大量投入无法即刻产生经济效益，所以对于人文学科有用无用的争论从来没有停止过。当前社会对于人文学科持较为冷漠和轻视的态度，而高校内部完全按照自然科学的量化逻辑来考核人文学科，导致人文学科发展面临“内外交困”的局面，逐步呈现弱势化发展趋势。

以上海大学为例，该校文科专业招生规模曾一直不扩大，其主要原因就是文科毕业生就业率相对较低。2014年，上海大学明确规定，诸如经济管理等一些原本文理兼招的学科领域，将不再向文科学生开放。这就意味着，文科学生在该学校能选择的学科领域只能是单纯的人文社会科学，而自然科学领域的学生可以进一步将选择的范围拓展到经济管理等交叉学科领域。同样的困境在世界范围内普遍存在，如在高等教育较为发达的美国，根据一项研究报告，2014年，美国自然科学、行为科学及社会科学3个领域在本科学位体系所占的比例为34.6%，商业与管理领域所占的比例为18.5%，人文学科领域所占的比例仅为9.9%，与多年前的统计数据相比，美国自然科学领域和社会科学领域的占比呈明显上升趋势，而人文学科领域占比却下滑严重。即便美国高校扩大了人文学科收录范围，将艺术研究、宗教研究、地区与性别研究等统统纳入，但人文学科领域招生数量大大减少，学科发展面临较大挑战，2014年美国人文学科领域本科毕业生仅占全部学科毕业生总量的6.1%，2012—2014年，美国获得人文学科领域学士学位的毕业生数量减少了8.7%，其中，涉及的专业主要为英语语言文学、历史学、语言学、古典学、哲学等①，均为传统的人文基础研究类学科。

---

① 斯扬. 美国人文学科的困境与反思［N］. 文汇报，2016-04-29.

此外，世界范围内高校人文学科教师普遍相对较低的薪酬标准，也从侧面反映出市场对于人文学科需求的不足以及各界对于人文学科重视程度的不够。相较于其他学科，人文学科教师的薪酬标准处于绝对劣势。举个例子，在美国俄亥俄州立大学，一名管理学学科正教授的年薪标准大约为20.8万美元，一名法学学科正教授的年薪标准大约为18万美元，而人文学科领域艺术学专业的正教授年薪标准却只有10.8万美元左右，人文学科领域艺术学专业正教授的年薪标准是管理学学科领域正教授的年薪标准的1/2左右。图4–1充分显示出美国人文学科领域教师的薪酬标准处于绝对劣势。图4–1列出的12个学科领域，法律和工商管理两个学科领域的教师薪酬标准较高，而人文学科领域的教师薪酬标准排在最后。由表4–1可以看出，具有高级职称的教师中，薪酬标准最高的是法律学科教授，其薪酬标准是人文学科教授薪酬标准的1.58倍；在职称级别较低的助理教授层面，薪酬标准最高的是工商管理学科助理教授，其薪酬标准是人文学科助理教授薪酬标准的1.77倍。上述差异在国内高校也普遍存在，上自人文学科领域的高校教授，下至人文学科领域的普通毕业生，在薪酬标准方面，在与自然科学领域甚至经济管理等其他领域同层次的从业者进行横向比较时，均处于明显的劣势地位。而对于人文学科青年本土教师而言，其正处于职业生涯初期，面临着来自工作和生活等多方面的压力，如北上广的高房价、不断提高的消费水平等，生存压力的持续增大，不可避免地会影响其从事教学、科研工作的专注度。人文学科是一流大学建设的根基和灵魂，尤其是在“双一流”建设全面推进的关键时期，如何支持人文学科破解发展困境，成为世界范围内高校普遍需要研究的课题。

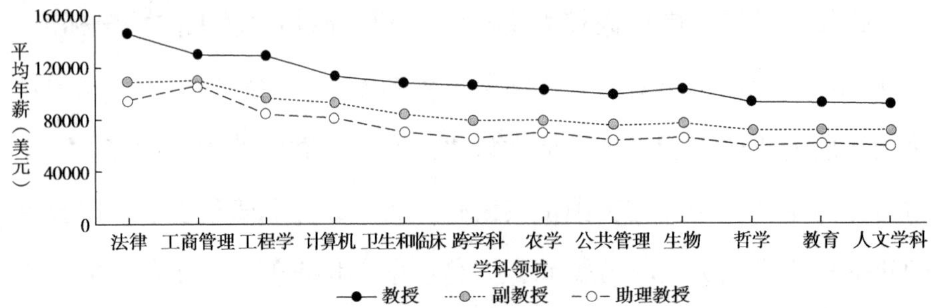

图4-1　2015—2016年美国高校不同学科领域教师平均年薪情况

表4-1　2015—2016年美国高校不同学科领域教师平均年薪数据

职称 \ 学科领域	法律	工商管理	工程学	计算机	卫生和临床	跨学科	农学	公共管理	生物	哲学	教育	人文学科
教授	145732美元	129904美元	129012美元	113646美元	108064美元	105855美元	102928美元	99243美元	103879美元	92741美元	92764美元	91954美元
副教授	109109美元	110031美元	97023美元	92906美元	83630美元	79387美元	79433美元	75713美元	76932美元	70937美元	71722美元	71290美元
助理教授	95606美元	105958美元	84197美元	81810美元	70512美元	65466美元	70273美元	64266美元	66524美元	59808美元	61253美元	59798美元

4.2　本土博士培养模式有待优化调整

职业生涯发展理论先驱金斯伯格提出，职业生涯是一个连续性、长期性的发展过程，会受到前期职业兴趣和职业尝试的影响。因此，对于青年教师来说，其攻读博士之前的职业规划、攻读博士期间的教育经历，都会影响其日后的职业选择与职业发展。基于此，本书对我国当前本土博士人才培养模式存在的问题进行论证分析，以期从人才培养这个前置环节找到提升人文学科青年本土教师竞争力的着力点。具体来说，当前本土博士人才培养还存在着对高校教职配置逻辑认识不深、缺乏前瞻意识等问题，同时，在培养的具体举措方面存在教学能力培养缺位、国际化能力培养不足等问题。

4.2.1 对高校教职的配置逻辑认识不深

研究发现，博士生在就业时能否获得高校教职，主要取决于以下几个方面的关键因素：博士毕业高校的影响力和被认可程度；高校学缘关系以及人际交往网络；更高层次的海外机构学习和实践经历；政府机构某特定时段实施的政策导向。①这其中，对于希望进入高校从事学术研究的研究生来说，主观层面也是现实层面可以做出的努力是：选择具有更高学术声望的高校攻读博士学位，师从具有更高国际知名度的导师。因为其他两个方面的因素即海外机构学习和实践经历以及申请特定时期国家和政府层面设置的各类人才项目，属于就读博士之后需要考虑的问题，能否实现具有一定的不确定性。因此，笔者在这里以博士毕业高校的影响力和被认可程度以及导师的国际知名度为例，论证高校教职产生和配置的现实逻辑，从而为立志谋求高校教职的学生提供努力的方向。

美国弗吉尼亚大学教育学院院长经过研究指出，博士毕业高校的影响力和被认可程度，在很大程度上决定着博士生能否获得第一份教职。高校之间的人才交换网络具有很强的内控性和排外性，所以学术交换网络呈现出明显的平行流动和向下流动特征，自下向上流动的情形特别少见。正如前文所述，作为国内精英高校代表的北京大学和清

① 李潇潇，左玥，沈文钦．谁获得了精英大学的教职——基于北大、清华2011—2017年新任教师的履历分析［J］．中国高教研究，2018（8）．

华大学，目前已经形成了“以留学归国人员为主、本校毕业生为辅、本土其他高校毕业生占少数”的新聘教师队伍结构，其背后的教师招募甄选逻辑印证了上述观点。

笔者下面分析H高校2009—2018年招收的本土博士教师构成情况，以验证上述观点。H高校2009—2018年共招收新教师710人，其中，选留国内高校应届博士毕业生共142人，上述142人中，北京大学应届博士毕业生40人，清华大学应届博士毕业生15人，中国科学院和中国社会科学院系统应届博士毕业生9人，北京师范大学应届博士毕业生9人，H高校本校应届博士毕业生36人。上述高校应届博士毕业生已经达到选留国内高校应届博士毕业生总量的77%，其他33人也均毕业于复旦大学、南京大学、南开大学及北京航空航天大学等国内一流高校。除中国传媒大学、北京邮电大学、中央美术学院及上海外国语大学等学科特色化和专业性较强的学校外，其余高校排名均在H高校之前或者与其排名相近。

默顿的“优势积累”理论指出，个人早期的资源获取情况，直接决定着他的未来发展趋势，而且相关资源获取时间越早，支撑其未来发展获得更大成就的可能性就越大。因此，对于旨在从事学术研究的人文学科学生来说，接受高水平的博士生教育是必不可少的准备，其所接受的博士生教育质量的高低，直接决定着其在未来职业选择中竞争力的强弱，而且会对其长期的学术生涯产生深远影响。瞿振元等人曾对67名年轻院士的高等教育经历进行系统分析，进而得出结论，与普通高校相比，国家重点建设高校在培养拔尖创新人才过程中发挥的作用更大。因此，高水平、高质量的博士生教育经历，对于人文学科青年本土教师未来的职业发展来说异常重要。

同时，指导教师在本研究领域的知名度，也是博士毕业生能否获得高校教职的重要参考依据。南京大学教育研究院和香港中文大学教育学院联合进行了“中国人文社会科学领域杰出人才学术发展状况调查”，结果显示，本土博士和海外博士对于自身博士指导教师水平的认识存在较大差异。其中，海外博士中有42.1%的人认为自己的博士指导教师在国际学术圈具有很高的知名度，36.8%的人认为自己的博士指导教师名气较大；相对于此，本土博士中只有18.2%的人认为自己的博士导师名气很大，有39.2%的人认为自己的博士导师知名度一般，这也从侧面揭示了海外博士在教职竞聘中占据较大优势的原因。因此，立志从事高校教师职业的研究生，应当更早、更深刻地领会当前高校教职的产生和配置逻辑，充分了解和认识本学科领域高校和导师的整体情况并做出合理选择，在此基础上，尽可能有针对性地提升自己的国际交流能力，积累更多高水平科研成果，提前做好教学能力培养，并实时关注国家政策导向，着力提升自己在未来劳动力市场的竞争力。对于我国高等教育发展而言，如何进一步提升在国际竞争中的影响力、被认可度，从而让培养出的高水平人才在世界范围内得到普遍认可，是值得进一步思考和研究的问题。

4.2.2 本土博士培养环节缺乏前瞻意识

高水平人才培养是高校的首要职能，也是根本职能。世界一流大学建设目标，首先应该是培养世界一流的高水平人才。但是，当下中国高校在改革发展中却没有足够重视世界一流人才培养这个关键问题，目前国内很多高校对于所谓“世界一流大学、一流学科”的理解过于简单和片面，部分高校改革方案的设计忽视了一流人才培养的重要性。前文笔者从本土博士生的角度明确了他们在教职竞争过程中应该努力的方向，而在这一节，笔者将立足国家和高校角度进行研究，希望优化外部环境，更有针对性地做好优秀博士生人才培养工作、做好优秀人才储备工作。

以国内B高校为例，B高校属于国内顶尖“双一流”建设高校，学术交换网络主要体现为平行流动和向下流动。所以，按照“双一流”建设目标和B高校自己制定的发展规划，若干年后，B高校的师资队伍将基本由哈佛、耶鲁等世界一流高校培养的博士生组成，而B高校自己培养的博士生将很难在本校谋得教职。从这个角度来说，似乎无法认定B高校已经建成世界一流高校，原因很简单，B高校自己培养的博士生没有得到世界范围内的普遍认可，甚至没有得到本校的认可。如果国内高校单纯依靠高薪聘请海外一流高校博士来充实师资，却无法在本土高校培养出同样优秀甚至更优秀的人才，那么该高校就不能真正算作世界一流高校。当前的情况是国内高校尤其是精英高校，对于引进海外人才尤其是海外名校博士有很深的执念，“外来的和尚好念经”的观点还居于主导地位，这一点在笔者之前几章的统计数据里都有明确体现。近年来，国内精英高校新进教师尤其是新进青年教师，大多数为海外知名高校博士，即便是精英高校自己培养出来的、得到普遍认可的为数不多的优秀毕业生，要想留校成为青年教师，也必须经过一定时间的海外历练。可以说，国内高校对于一流本土博士生培养的重要性认识不足，对于能培养出一流本土博士生的自信心不足，对于接收本土博士生入职的胆识和魄力不足。上述不足的直接后果就是本土高校博士毕业生在高校教职竞争中始终处于边缘位置，本土人才培养质量始终无法得到普遍认可。

上述观念反过来也对我国的博士生培养体制产生了巨大冲击。换句话说，当前国内高校在校生也在逐渐熟悉本土高校教职的产生和配置逻辑，所以有志于从事学术研究的，基本在攻读博士之前或者在攻读博士的过程中就会通过各种方式出国学习，以增加未来自己竞争教职的“砝码”。留下来继续攻读博士的，大多未打算或者不适合从事学术研究，甚至很有可能他们是因为当时没找到心仪的工作而被迫选择攻读博士来进行缓冲和过渡的。当前，我国的博士生扩招政策已经导致博士生人才市场供过于求，而国内高校尤其是精英高校在招聘新教师时，却不约而同地优先考虑具有海外名校博士学位的应聘者，我国部分院校已经逐渐形成招募甄选过程中只看重学校名气而不看重学科水平和个人潜力的教师招募标准。海外一些学科实力很强但学校知名度一般的毕业生竞争不过学科实力一般但学校知名度很高的毕业生，国内一流学科但非一流高校的毕业生竞争不过一流高校非一流学科的毕业生，基于以上原因，本土博士生毕业后要想在国内精英高校谋得一份教职，就变得非常困难。即便能在千军万马中脱颖而出谋得教职，高校对于本土博士教师的重视程度不足以及本土博士自身的发展起点，也使其很难得到充分施展才能的空间。在博士生人才培养模式不完善和高校选人用人导向的共同作用下，希望从事学术研究的研究生会优先选择到海外名校攻读博士学位，这在客观上造成了优秀人才被逼无奈选择出国留学而留下来的学生大多没有学术追求的情况，严重影响了博士生生源质量以及博士生人才培养质量。如此恶性循环，使得我国当前的博士生人才培养始终处于一种非常尴尬的境地，高水平人才培养目标难以实现。这是值得深入思考的问题，如果不对其进行改进，那么一流学科建设也就失去了意义，学校的特色化、专业化、错位化发展逻辑将永远无法实现，投入再多，培养出来的学生得不到认可，高校的发展、建设就无从谈起。

4.2.3 现行本土博士培养模式存在诸多具体问题

平心而论，国内目前的本土博士培养模式，与目前国内高校对于新聘青年教师的素质和能力要求还存在着不小差距。近年来，在本土博士生扩招和海外博士生大批量回归的双重作用下，本土博士培养可谓面临着“内忧外患”局面，本土博士学位含金量的直线下降，导致优秀生源大量流失。立志未来从事学术职业的优秀生源往往优先选择进入海外名校继续深造，部分人则选择直接在国内就业，攻读本土博士成为这部分人找不到理想工作后的选择。从普遍意义上来看，海外博士生的基本功更好，学术素养训练强度也确实更高，专业性也更强，这在客观上为其积累了较大的竞争优势，这也是许多国内高校更加看重海外博士生的重要原因。与国外高校相比，本土博士尤其是作为本研究重点关注对象的人文学科本土博士，其培养过程主要存在以下4个方面的不足。

4.2.3.1 人文学科本土博士培养内容过于片面，教学能力培养环节缺失

在人文学科本土博士培养计划中，课程修读与论文设计所占的比例过高，关于研究方法的课程则相对较少。同时，部分导师因为招收研究生数量过多而指导频次下降，加之导师指导水平参差不齐，所以博士生研究能力的培养和塑造相当薄弱。据调查，我国每位导师平均要带5.77名博士生，我国的师生比远高于美国（美国每位导师要带

2~3个学生）。[①]此外，本土博士培养计划未将教学能力纳入，博士生培养过程中唯一与教学相关的是助教制度，但人文学科博士生助教工作多为“助研”性质，奖学金偏少，无法调动博士生参与的积极性。由此可见，教学能力培养在博士生尤其是人文学科博士生培养环节缺位。所以，人文学科本土博士即便获得高校教职，其在教学能力方面的积累也不足以支撑其迅速胜任日常教学工作。而美国高校在这一点上的做法就十分值得借鉴，美国国家研究委员会的调查结果显示，美国高校培养的博士生，毕业后选择高校教职的比例超过54%。[②]美国高校尤其重视博士生教学能力培养，其教学培养内容涵盖整合能力、实施能力、研究能力、创新能力和理解能力，在美国，形成了“临床指导”、综合实践和自主反思三位一体的培养模式，博士生培养立足于美国政府宏观指导、专业组织中观协调和高校微观实施。[③]

4.2.3.2 人文学科本土博士培养评价体系不够完备

目前国内高校对于博士生培养质量的评价，更多地聚焦于知识积累深度、广度以及批判性思维。比如，在课程评价方面，更加强调课程设置对于理论与方法的兼顾、课程的跨学科性、教学内容的广泛性、经典知识和学科前沿、教学方法有助于博士生批判性思维的养成等；在科研能力评价方面，更加强调创新能力、语言理解能力、逻辑推理能力和感悟能力等的提升。国外高校在博士生培养评价机制方面更加关注的团队协作能力、言语表达能力等指标，尚未完全纳入我国

①马广志. 每名导师平均带5.77名研究生 中国博士帽开始贬值［N］. 人民日报海外版，2012-07-12.

②熊华军，李倩. 美国大学博士生教学能力培养机制及其启示［J］. 现代大学教育，2015（3）.

③同②。

人文学科博士培养评价体系。

4.2.3.3 人文学科本土博士培养平台不够通畅，组织机构设置不够完善

本土博士培养过于重视科研能力，从而忽视了教学能力培养对博士生日后学术职业生涯的促进作用，导致上述情况出现的根源是我国组织机构设置特点。与国外相比，国内从事博士生教育相关工作的专业组织较少，而且往往遵从政府导向，缺少独立思维，教学能力培养无法纳入其工作范畴。在管理方面，当前国内高校博士生教育和本科生教育分属多个不同部门，博士生参与教学需要协调多个部门，附加成本较高，高校在博士生教学能力培养方面缺乏政策支持。

4.2.3.4 人文学科本土博士国际化程度不高

洪永淼教授提到，本土经济学博士国际化不能一蹴而就，国内的经济学训练模式和海外的经济学训练模式有很大差别，国内培养的学者大多非常聪明，也非常刻苦，但他们不熟悉海外学术期刊发表学术论文的研究范式和学术文化。①除国家留学基金管理委员会有少量的学生出国资助项目以外，国家和学校专门针对人文学科本土博士国际化培养提供的专项支持很少。

在总结本土博士培养模式存在的问题的同时，我们也无须妄自菲薄，应当看到当前本土博士培养正面临的利好局面。中国作为世界第二大经济体，越来越受到国际学术界重视，长期研究中国问题并且文化介入很深的本土博士，获得了更多与国际知名高校对接以及参加高水平国际学术会议的机会，这在很大程度上提升了本土博士在国际学术界行走的能力，也逐渐涌现出一些能够在海外高校甚至海外知名高

①洪永淼. 中国经济学教育转型——厦大故事［M］. 厦门：厦门大学出版社，2014.

校获得教职的典型案例。用好、用足上述机遇，进一步优化现有博士人才培养模式，具有针对性地补强本土人才竞争弱势，将对我国高校“双一流”建设产生极其重要的促进作用。

4.3 人文学科发展和教师成长需要特殊的内生机制

随着知识经济时代的到来，知识创新与人才发展成为关键的经济增长点。与此同时，我国社会主义民主政治、市场经济、法治文明建设不断推进，综合国力不断提升，文化自信不断增强，党和国家对于人文学科研究水平和人文学科高水平人才提出了更新、更高的要求。但就高校教师内部结构现状而言，人文学科与自然科学之间的差距仍然十分明显。当前高校教师按职称级别自上而下地可分为教授、副教授、讲师、助教等，不同职称级别教师的经济收入、学术资源、学术权力及社会声望存在一定差异。如果进一步对学科进行细分，可以发现，即便处于同一职称级别的教师，因其所处学科不同，上述各项指标也会存在很大差异。同时，自然科学教师与人文学科教师在教学任务、学术压力、生产机制、科研条件以及未来发展等方面也呈现出一定的竞争差异。通过对这些差异进行对比分析，可以更加深刻地了解人文学科青年本土教师面临职业发展困境的原因。

在之前的理论介绍中，笔者已经提到了John Holland的职业兴趣测试，他认为，职业选择是个人人格在工作世界的反映和延伸，并提出了6种作为职业选择依据的职业兴趣类型。依据他的分类，人文学科教师和自然科学教师属于不同的交叉类型。两者都属于“社会型”，但两者又存在不同的其他类型偏向。其中，自然科学教师偏向于“研究型”，而人文学科教师偏向于“艺术型”。由此可见，自然科学教师属于“偏向研究型的社会型”，人文学科教师属于“偏向艺术型的社会型”。高校只有基于教师类型方面的差异为人文学科教师提供适合其自身特点的职业环境，才能保证人文学科教师有更高的工作满意度、职业成就感，以及更好的职业发展。

4.3.1 人文学科具有相对特殊的研究范式

作为国际通用学科，我国自然科学的研究范式已经引入国际惯例并纳入国际体系，可以充分吸纳和借鉴丰富的、相对成熟的国际前沿研究范式。在国际化人才培养方面，我们也可以借鉴许多欧美经验，毕竟欧美发达国家已经形成了相对体系化的人才发展计划。自然科学研究大多以团队合作的方式进行，可以进行细化分工和流水作业，通过集体研讨、开展实验获得基础数据，通过分析数据及展开论证得出结论，研究过程中需要使用各种实验用品与设备，会产生大量的科研经费，由此可见，自然科学研究项目的配套经费相对充足是合乎情理的。当前，跨学科交叉融合研究正日益成为自然科学发展的一个主流趋势，对于自然科学青年教师而言，可供其自由选择的交叉协作平台相对较多，不同学术组织可以进行有效的沟通协作，共享资源与成果，这有利于实现科研成果转化，自然科学青年教师甚至可以以跨学院（系）多平台共同聘任的方式拓展学术资源。

与之相比，由于研究对象、研究内容、研究方法及学科属性等不同，人文学科青年本土教师常常以高度个体化的学术研究与生产方式进行教学科研活动，这一过程更强调思想的完整性、统一性与逻辑性，很难分工合作，因而高校在科研经费资助、团队人员配套及生活条件保障等方面给予人文学科教师的支持力度相对较小。人文学科教师很难与自然科学教师一样获得足够的外部支持，人文学科教师的横向合作更少、学科绩效工资更低。两者学术体系的产出有较大差异。

从生产体制方面来看，自然科学和社会科学研究都偏重于寻找事物产生和发展的客观性、普适性规律，而人文学科更加强调事物自身的差异性和特色，生产体制和关注点的巨大差异导致自然科学、社会科学可以采用相对一致的评价标准，更容易用明确的评估指标来衡量，而人文学科具有自身的特殊性，很难通过明确的量化指标来衡量。所以，人文学科研究在生产体制上的特殊性容易导致“人文学科研究不需要经费、不需要研究团队、不需要高级别待遇”等失之偏颇观点的产生，这给人文学科青年本土教师职业发展带来了更大困难。

4.3.2 人文学科研究需要更长的知识积淀周期

与自然科学教师相比，人文学科教师在学术视野开阔与学术知识积淀上需要更长的周期。相较而言，自然科学研究向着学科的基础性研究与前沿性研究方向不断前进，研究周期相对较短，其研究过程与成果具有较强的创新性与实用价值。在我国，自然科学研究学者的“黄金年龄”在40周岁左右，部分新兴交叉学科青年学者的“黄金年龄”甚至为35周岁以前。这在国家各类人才项目设置的候选人申报年龄要求上也有所体现，如同层级的人才项目，自然科学人才的申报年龄要求普遍比人文学科人才申报年龄要求低10周岁左右。因此，在同等年龄条件下，自然科学教师凭借一直以来的科研技术支持、团队分工合作能力与个人创造力、学术潜力，积累了不少具有创新价值的科研成果，其凭借突出的科研表现，更容易在学术界获得更多发展机会与更充分的资源和平台支持，而处于同等年龄条件下的人文学科青年本土教师，有可能很多还停留在寻找和确定研究方向的初级阶段。

人文学科青年本土教师的成长需要一个相对较长的积累过程，这是因为只有不同的学术兴趣点互相交织，才可能迸发出新的人文学科研究火花，进而促进学科的整体发展。人文学科学者学术视域的极大拓展与学术成果的密集发表往往发生在40~45周岁，其实现理论突破与创新的最佳时机与自然科学学者相比差5~10年。除此之外，人文学科学者更向往自由探索与个性化研究，希冀学术生涯不受考核制度、量化标准、经费数额等因素的过多干扰，且所持的理论性观点或具有指导意义的研究成果需要在社会实践中检验，但实践方式及纠错方法涉及具体而复杂的实操环境，因此完成这一过程往往需要很长时间，以及付出更多的精力。坚守漫长学术成长周期的人文学科青年本土教师，承担着更大的学术压力，如再遇外部支持条件和政策导向不利的情况，就特别容易产生科研成就感较低、职业幸福感较低、自我认同感较低等消极心态。基于此，国内部分高校为人文学科学者提供了十分宽松的研究环境和较长的研究周期，以鼓励他们出成果，最终促进高校高质量发展。例如，具有浓厚人文底蕴的中山大学，为了鼓励本校人文学科学者“出思想”，就为他们提供了十分便利的支持条件。当然，这种周期也应控制在一定的时间范围，因为思想的酝酿和产出固然需要时间，但真正有价值的思想火花往往是集中思考时迸发的，后续的时间只是用来调整、补充和完善思想的。

4.3.3 人文学科面临更加特殊的学术生态环境

自然科学的学术论证，通常以数据分析和科学实验为基础，研究可重复且可验证。作为国际通用学科，自然科学的学术论文发表遵循SCI收录期刊论文发表的国际科研标准，学术成果的国际化程度较高，具有一定的国际影响力，且自然科学研究成果大都可以转化，其学术研究价值可以得到明确呈现。但是，人文学科领域的研究往往带有鲜明的时代特征与国别性、地域性、民族性特征，这些特征直接导致人文学科研究不自觉地带有鲜明的意识形态色彩。同时，人文学科具有思辨性、主观性、多元性特点，且其研究成果的价值较难客观评价，因而常常无法为其制定明确、统一的科研评价标准。自然科学领域期刊常用的基于影响因子的认定标准，不适用于人文学科，这也是自然科学领域的顶级期刊影响因子通常远远高于人文学科的原因。实际上，对于人文学科教师尤其是基础研究类人文学科教师来说，其研究成果除可以通过发表期刊论文来体现以外，还可以以高水平著作的形式体现，但一般情况下著作撰写和出版的时间较长，若未能及时将著作翻译并推介至海外，便会在一定程度上削弱人文学科教师研究成果的国际影响力。与我国自然科学研究可以纳入国际体系并逐渐走向发展快车道相比，我国更注重人文学科研究在提供国内发展问题解决方案和文化传承方面的职能。

人文学科研究要实现高质量和高水平发展，需要研究者正视国内当前存在的各类问题。我国经济、社会的快速发展，为人文学科研究提供了充足的实践素材和良好的研究环境，但国内人文学科研究在水平和质量方面却始终不能比肩自然科学研究。当前我国人文学科领域的研究成果虽然数量很多，但缺少特色和精品，在世界范围内的影响力和学术声誉远远不够。中国知网对2099种社科期刊进行了统计分析，发现，截至2018年4月，2015年可被引文献量为543018篇，其中0被引文献数为251868篇；2016年可被引文献量为514341篇，其中0下载文献量为766篇，①也就是说，有相当数量的论文没有读者。我国是哲学社会科学大国，研究队伍、论文数量、政府投入等在世界上都是排在前面的，但目前在学术命题、学术思想、学术观点、学术标准、学术话语上的能力和水平同我国综合国力和国际地位还不太相称。②

美国学者本尼迪克特·安德森提出，每一门人文社会学科都着手发明自己的术语，以竖起自身的智识之墙，“理论”的强大机器开始显影。③在学科专业主义的影响下，人文学科的学生正在逐渐从根本上改变他们的论文写作策略，这样做的后果是论文写作变得越来越套路化、越来越乏味。因为学术写作的主要受众是本学科的其他同事、期刊编辑以及潜在的就业雇主等，所以大量引用当下流行的学科术语以及学科前辈的著作就成了必要的操作——即便这些著作在启发读者方面并无益处。人文学科研究成果的学术价值问题应该被充分重视，目前国家对于人文学科研究的目标是构建“中国话语

---

①李伯重. 学术创新：根治“学术垃圾”痼疾之方——以历史研究为中心［J］. 澳门理工学报（人文社会科学版），2019（1）.

②习近平：在哲学社会科学工作座谈会上的讲话［EB/OL］.（2016-05-18）［2022-03-01］. http:www.xinhuanet.com/politics/2016-05/18/c-1118891128.htm.

③安德森. 椰壳碗外的人生［M］. 徐德林，译. 上海：上海人民出版社，2018.

体系”，但从人文学科研究现状来看，所谓的“中国话语体系”构建，首先应探讨的是人文学科研究学术实力和学术影响力提升问题。当前，我国人文学科领域的研究风气还相对浮躁，人文学科青年本土教师在职业生涯初期面临的整体学术研究环境仍有待改善。同时，当前我国高校过于单一的考核评价指标、过于刚性的考核评价标准、过于量化的考核评价方式，对人文学科青年本土教师的学术发展冲击较大，尤其会严重影响那些从事人文学科基础类研究、正处于职业生涯初期、尚未获得任何学术资源的青年教师的工作积极性，这导致部分有潜力的优秀人才流失。

4.4 青年教师职业发展初期需要特殊的外部生态

“双一流”建设方案提出的五大建设任务中，“创新引育机制，建设一流师资队伍”排在最前面。为加速推进“双一流”建设，国内各高校纷纷将人才强校列入首要发展战略，出台各项人才优惠政策，大力引进优秀师资，特别是具有院士、长江学者、国家杰出青年科学基金等“帽子”的高层次人才。事实上，对于高校的可持续发展来说，高端人才和青年教师是师资队伍建设的两个重要抓手，其中，高端人才是高校的核心战略资源，代表了高校当下有利的现实竞争力，不重视高端人才，就没有高校当下有利的发展局面；青年教师是高校未来发展的生力军和预备队，代表了高校未来发展的竞争力，不重视青年教师，就不可能有高校发展的可持续性。陈平原教授在谈及“青椒”（高校青年教师的简称）一族时提到：“大学里急需两种人才，一是大家都在抢的学术大师，一是潜力无限的年轻学者。前者可以出高价购买，后者则只能自己培育——这点全世界都一样。目前国内各大学都倾向于‘选才’而非‘育才’，我认为这是一个偏颇。”①青年教师队伍是高校教师队伍最活跃的群体，是高校未来长期发展的核心竞争力。“双一流”建设目标的达成，需要配备一支布局合理、保障有力的青年教师队伍。作为高校师资队伍中最具活力和创造力的群体，青年教师无疑是高校师资队伍建设的重中之重。

与之前“985工程”“211工程”重点、专项支持一流大学建设的操作思路不同，“双一流”建设加大了对优势学科的支持力度，是先有“一流学科建设高校”名单，然后在此基础上才选出“一流大学建设高校”。换句话说，“双一流”建设思路是先看一所高校有没有若干个很强的学科，然后再重点根据学科的综合实力评定一所高校的整体实力。因此，“双一流”建设归根结底是以学科评价为基础的，而且要求对学科的建设过程实施动态监测。“双一流”整个建设过程实现了一流学科的“有进有出”，打破了原有的身份固化，完全实现了动态调整。从单一性支持学校整体到兼顾学校和学科的重大转向，对高校青年教师能力提出了新的要求和期望，也必将对青年教师的成才发展产生重大影响。在“扶优、扶需、扶特、扶新”原则的指导下，青年教师所处的成长环境会大大改善。

当前，青年教师仍在我国高校占据较大比例，高校的教学与科研工作离不开青年教师的辛勤付出。“双一流”建设目标的达成，需要以本土教师和海外人才搭配适当、能力出色、特点突出的青年教师队伍为依托。青年教师肩负着高校未来人才培养、科学研究、服务社会

---

① 陈平原. 高校青年教师的处境及出路——答廉思研究团队问［J］. 社会科学论坛，2012（6）.

和引领文化的重要使命，因此需要为其提供更多的资源支持和更好的发展平台。同时，青年教师在职业生涯初期承担着十分繁重的教学和科研任务，即便其拥有较好的家庭背景、自身素质和专业出身，也会面临工资收入、职称评定、生活压力等各种负担。因此，充分认识青年教师群体在职业生涯初期面临的现实困难，进而从外部环境上为其提供针对性支持，尤为重要。

4.4.1 现有人才支持体系不利于青年教师职业发展

目前国内高校“重高端、轻青年”的现象普遍存在，相较于普通青年教师，高端人才受聘进入理想高校的路径选择更加简单、方式更加多元，对于“帽子”人才，高校在引进时大都无条件免试引进，相关待遇也和其头顶“帽子”的含金量直接挂钩。比如，对于“长江学者”特聘教授入选者和国家杰出青年科学基金资助获得者，大部分高校基本可直接聘任为教授，部分学校还会直接聘任为二级教授，年薪标准基本在70万~100万元，同时配套高额的科研启动经费和住房补贴。

以H高校为例，该校在高端人才引进方面制定了数十项管理规定，涉及人才项目设计、人才引进流程、薪酬待遇标准、科研经费配套等方面，而对于新入职的青年教师，则基本没有任何单独的相关配套文件。以学校正式公布的面向全体在岗、在职教师设置的校内人才支持计划为例，该计划虽然同时面向高端人才和青年教师，但二者在准入门槛、申报程序、岗位待遇等方面有着较大差异。对于已经获得国字号人才头衔的“帽子”人才，文件明确规定引进只需办理简易手续，不受进人指标限制，可直接对应文件相关条款受聘上岗并在第一时间享受相应岗位待遇。而对于正处于职业生涯初期、未获得任何“帽子”头衔的青年教师，文件没有提供直接聘任渠道，也就是说，青年教师只能通过竞聘的方式申请相应级别的岗位，而且这种申请在每年固定的时间集中开展，并非即时性的。上述政策导致的结果是“帽子”人才可以在第一时间获得稳定的工作保障，而青年教师却可能因为申请岗位存在竞争和差额而面临不能受聘的风险。事实上，新入职的青年教师应该得到优先支持，而且面向青年教师设计的人才计划应以普惠制为基本原则。同时，由于各学科差异较大，在学校统一调配的招聘指标范围内，位居人才梯队最底层的青年教师岗位招聘，似乎更应该放手交给学院（系），这样既能保证学院（系）开展人才招聘工作的主动性和可行性，帮助学院（系）在第一时间确定并启动引才程序，又可以有效规避因学科特点不同而出现的人员招聘选拔标准过于机械的情况。

目前一级学科评估指标体系中，以国字号人才头衔获得者为代表的高端人才仍然是重要的组成部分，国字号人才头衔获得者的层级和数量有相应的分数加成。这一评估体系导致了各高校争抢“帽子”人才尤其是国字号人才头衔获得者情况的发生。同样，在当前一级学科评估指标体系中，能作为高水平代表性成果填入学科评估指标表格的，大都是由高端人才牵头产出的团队成果，即便该成果由团队成员共同完成，但署名权基本归属于高端人才。因此，在现行的人才考核评价和高校学科评估指标体系下，基于受重视程度和资源分配倾向性的影响，处于被优先考虑位置的基本都是高端人才，青年教师的话语权较小，与高校讨价还价时缺乏资本，一直处于相对边缘和弱势的位置。而高端人才凭借头顶的“帽子”，可以和高校充分协商，因为他们不担心自己在人才市场上没有买家接收，其在人才市场上自由流动的方式也较多，更有甚者，有些“帽子”人才利用高校对于稀缺性人才的重视，将高校当作资本和跳板，这在客观上助长了人才市场的混乱。因此，在处理高端人才和青年教师关系时，应该把握一个相对合理的度。对青年教师来说，其职业生涯初期的评价标准应该是其学术发展潜力，而不应该在评价时仅仅聚焦于当前所产出的成果。

4.4.2 学术资源分布不均严重制约了青年教师职业发展

帕金的“社会屏蔽”理论认为，社会身份使得谋求某种资源的可能性限制在特定群体内，而且，社会身份一旦获得将终身拥有。[①]就高校教师内部结构而言，“社会屏蔽”机制同样发挥作用。高端人才往往拥有多种学术头衔，学术贡献较突出，学术知名度较高，学术资源积累丰富，在学术界拥有较高的声望和较强的影响力，能对学科发展发挥战略性引领作用。青年教师相较于高端人才，获得的学术资源较少，但作为高等教育未来发展的核心力量，其承担着高校60%以上的教学和科研任务，是高校必须高度重视和重点培养的人才。本研究从“社会屏蔽”这一理论切入，对高端人才与青年教师进行对比分析，发现，因所处位置与身份的巨大差异，两者所具有的资源、权利相去甚远，这使得本就处于弱势科研地位的青年教师在“社会屏蔽”下与高端人才有着更加悬殊的发展机会与路径，这种差距随着时间的累积会呈扩大态势，双方在学术话语权掌握以及学术资源占有方面的差距

① 陈伟.“从身份到契约”：学术职业的变化趋势及其反思［J］.高等教育研究，2012，33（4）.

会越来越大。有研究表明，获得科研项目资助的往往不是那些最突出的申报书设计者或最优秀的研究者，而是那些已经获得了很多其他项目资助的研究者。这种现象直接导致高校人文学科教师在学术资源占有上形成“马太效应”，尤其需要指出的是，当前针对高校教师的绩效考核指标仍然包含研究者所获得的项目资助等，其科学性和合理性有待进一步论证。

如前所述，高端人才享受高校政策倾斜支持，加之其占有着更为广泛的学术资源，在高层次科研项目与经费指标、科研成果与奖励、科研合作与共享等方面，其绩效表现也更加优异。同时，高端人才入校后将不断受邀参加国家和学校的各级各类重要项目评审工作，以发挥其权威性作用，其在资源占有和话语权享有方面处于绝对优势位置。对青年教师来说，科研是其职业发展的生命线，在职业生涯初期其学术资历尚浅，获得高级别项目资助或国字号人才头衔的概率很低，参加高水平学术会议的机会有限，因而长期处于弱势位置，科研热情逐步降低，科研水平难以快速提升。除了在学术资源占有和话语权享有方面呈现出明显的“马太效应”外，当前国内科研经费的使用和管理方式也缺乏弹性，未能充分考虑到学科差异以及青年教师在职业生涯初期的特殊需要，科研经费无法用于解决青年教师在生活方面的实际困难，导致青年教师在职业发展起步期举步维艰。

4.4.3 学术生涯初期的多重压力制约了青年教师职业发展

高端人才往往享受着高校给予的较高的薪酬待遇、完备的科研配套与有利的政策倾斜支持，青年教师则需要面临职业生涯初期来自工作与生活的双重压力。学者沈红2014年面向我国13个省份88所高校的教师展开了一次问卷调查，调查结果显示，被调查教师2013年的实际收入均值为10.8万元。[①]而2017年中国高等教育学会报告显示，半数以上青年教师的年均收入不到10万元，甚至仍有青年教师的月薪仅为2500元左右。可见，即便经过近年来多次薪酬制度改革，青年教师收入水平仍受制于区域经济发展水平，但就目前整体情况而言，高校青年教师群体的实际收入水平无法满足他们的心理预期。

青年教师不仅在薪酬待遇上处于弱势，在科研配套、硕博招生及住房等方面也属于被政策忽视的群体。高端人才被引进之后，一方面，可随即受惠于学校配套的人才支持计划，学校会向其拨付相对充足的科研启动经费、购房补贴及安家费等；另一方面，还可享受硕士生、博士生及博士后招收指标的倾斜，以及周转住房、办公实验场地和实验设备采购方面的优先置办权等。青年教师在入校时，虽有一定的科研基础，但鲜有已获得学术头衔者，所以在科研经费、招生及办公条件方面得到的支持十分有限。而且，青年教师职业生涯初期面临的生活压力最大，住房等难以得到保障。2018年是国家“双一流”建设全面推进的关键时期，相关统计数据显示，大部分“双一流”学科入选数较多的城市，2018年1月公布的房价也很高。虽然北上广等城市的高校水平更高，学术平台更好，学术资源更丰富，但房价的持续上涨降低了青年教师的生活品质与学术职业给其

① 沈红．中国大学教师发展状况——基于“2014中国大学教师调查”的分析［J］．高等教育研究，2016，37（2）．

带来的幸福感。

4.5 高校人力资源管理体制受到行政化影响

前文已经沿着人力资源管理相关环节系统地梳理了人文学科青年本土教师的成长困境，在本节，笔者将深入分析束缚人力资源管理的体制障碍。事实上，隐藏在招募甄选、考核评价、资源配置和发展激励等环节背后的因素，主要是当前高校行政化干预的管理模式及其作用下的资源分配方式，换句话说，一些人力资源管理者的主事思路和操作模式导致上述环节出现了问题。受此影响，与资深教授和副教授相比，青年教师群体参与高校学术管理和民主决策的机会较少，因此也就缺少表达自己利益诉求的机会。

面对外部环境日益恶化的实际情况，高校教师对于现行的行政干预体制有以下4种态度：服从、适应、消极、对抗。其中，“服从”指主动适应当前的行政干预体制，完全按照现行的人力资源管理模式进行职业规划，表现为在科研选题上紧跟意识形态做“短平快”式的实用性研究，服从主流社会逻辑；“适应”指不完全认同当前的行政干预体制，对意识形态外独立的学术研究仍怀有敬意，希望用国家资源来开展独立研究；“消极”表示对当前的行政干预体制具有本能的抵触心理；“对抗”代表的是采取“不合作”的消极态度，完全生活在自己理想的世界。人文学科青年本土教师的自身特点和性格特质，决定了他们选择“消极”和“对抗”态度的比例更高一些，这也成为其遭遇职业发展困境的重要原因。因此，结合人文学科青年本土教师的特质，通过适度“去行政化”的方式，相应调整人力资源管理各环节的工作机制，将有效排除人文学科青年本土教师职业发展过程中的诸多障碍，相关对策笔者将在第5章展开研究。

4.5.1 招募甄选过程中过度追求数量指标

在“双一流”建设背景下，高校之间竞争异常激烈，部分高校为了实现短期效应，迅速扩充人才队伍，快速提升本校在各类高校排行榜中的位次，人才引进工作体现出“过度简单化”和“盲目数字化”的短视倾向。人才引进政策制定方面，主观行政化色彩较浓，直接按照海外学历、“帽子”、论文数量和科研获奖等情况做进人判断，对人才进行档次区分并“明码标价”，未充分考虑人才的适应性和发展潜力，形成引进教师“唯海归、唯‘帽子’”的不良导向。上述问题的出现，一方面与高校发展过程中急于求成有关，另一方面与政策制定者对于“双一流”建设评估指标体系的量化设计有关。

过度追逐人才数量和高校排名位次，对高校高质量发展带来不利影响，我们应该认真反思当前一流高校的评价标准设计。北京大学历史系高岱教授曾表示，最近谈世界一流大学，常常把国外一些评估结果作为依据。其中一个是QS世界大学排行榜，另一个是泰晤士高等教育世界大学排行榜，在这些大学排行榜问世之前，世界上难道就不存在世界一流大学吗？[①]事实上，上述两个所谓权威的排行榜，其排名依据主要是英文期刊论文发表情况，在如此简单的量化评级体系里，一些久负盛名的大学反而被排在特别靠后的位置。由此可见，一流大学真正的评价标准，不应该只是表面数据的单纯量化（姑且不论

①高岱. 人文学科的重要性不可忽视［J］. 史学理论与史学史学刊，2017（1）.

量化指标设计是否合理），而应该深入考察这所学校是否有足够的历史积淀，是否真正为社会发展做出过重要贡献，有些贡献可以量化评价，有些却需要定性评价，因此量化评价、定性评价二者的重要性都不能忽视。

随着我国高等教育体系的不断完善，我国高等教育国际化水平大幅提升，部分学科的发展水平及科研成果质量已经位居世界前列，一些本土博士取得的科研成果得到国际认可，本土博士与海外博士科研水平差距逐渐缩小。同时，随着我国高等教育国际化程度的不断增强以及人才培养水平的不断提高，本土博士接受的教育训练越来越国际化，学习期间参加各种国际会议和进行海外交流的机会越来越多，其个人能力和个人自信心都显著提升，越来越多的本土博士赢得海外人才市场的青睐，本土博士在海外知名高校获得终身教职的案例不胜枚举。此外，与自然科学相比，人文学科“双一流”建设还呈现出自身的特殊性，更需要在中国特色、世界一流方面下功夫，更需要充分彰显继承性、民族性特点。比如，中国拥有历史悠久、极其丰富的文学遗产和史学遗产，这些遗产的价值要想在世界范围内被广泛认可，国内学者就首先要对它们有足够的重视和透彻的研究，而在这方面，本土博士显然具有更大的优势。

对“帽子”人才数量的盲目追求，导致了简单粗暴的人才争夺方式，此做法给“双一流”建设带来不良后果。“帽子”的获得和诸多利益指标明确挂钩，而且“帽子”评审主要依托论文量化指标，这直接促使科研人员为快速发文而避开基础性研究方向，助长了浮躁的科研风气。同时，“帽子”人才之争也加剧了学术界比拼关系的不良之风，个别青年教师在职业生涯之初就养成了投机取巧的工作习惯，而不是将精力真正用于从事原创性、基础性研究。熊丙奇指出，上述现象背后的原因是我国在对高校学科建设和师资队伍进行评价时，将“帽子”人才数量列为评价的一项重要指标，并且为不同“帽子”人才赋予了不同分值。由此，高校纷纷追逐“帽子”人才，最终形成了“帽子”人才身价越来越高的局面，从而导致学术评价的公正性和客观性受到影响。事实上，在高等教育相对发达的西方国家，“帽子”只是一种荣誉称号，反映的是学术界对学者科研贡献和学术能力的认可，一般不附带任何经济利益或行政权益。国内高校应该认真思考如何在教师招募甄选过程中将人才与“帽子”脱钩，把“帽子”还原为反映科研贡献和学术能力的一种科学荣誉。

4.5.2 考核评价指标体系设计适用性不强

一流大学和一流高校建设必须“遵循教师成长发展规律，以中青年教师和创新团队为重点，优化中青年教师成长发展、脱颖而出的制度环境，培育跨学科、跨领域的创新团队，增强人才队伍可持续发展能力”。[①]新教师开启学术职业生涯后，需要迅速适应新学校的文化氛围、人际关系以及行政风格，了解学生特征和教师职责，同时需要尽快对学术生涯做出合理规划，并面临着职称评定带来的科研压力。身份的快速转换与繁重的科研任务会加重青年教师的心理负担和经济负担，从而使其产生较强的职业焦虑感。作为高校青年教师队伍中的特殊群体，人文学科青年本土教师具有鲜明的特征，正如唐小兵所说

① 国务院关于印发统筹推进世界一流大学和一流学科建设总体方案的通知［EB/OL］.（2015-10-24）［2022-01-22］. http://www.moe.gov.cn/jyb_xxgk/moe_1777/moe_17778/201511/t20151105_217823.html.

的，高校青年教师这个群体，因其在学术链条中处于低端位置，面临着低收入和高强度工作量的境遇，他们（尤其是人文学科青年教师）在追求知识的过程中形成了高度敏感个性，容易感受到生存境地与社会（包括家庭等）期待之间惊人的落差，并会因此产生无助感甚至屈辱感。[①]因此，高校在设计考核评价体系时，应重点关注人文学科青年本土教师群体的特殊性。但事实上，高校教师考核评价过程还存在着浓厚的行政化色彩，缺少对教师职业生涯各个阶段特点包括身体特征、心理特征、职业特征等的综合考察与分析。[②]

4.5.2.1 当前考核评价的内容设计不利于青年教师职业生涯初期的学术发展

职业生涯初期的学术发展对于青年教师未来职业发展具有奠基作用，很多高水平的科研成果都集中出现在博士毕业之后的特定时间段，高校应该给初入职场的青年教师一定的时间来继续完成博士期间的研究。但现行高校考核管理体系设计下，青年教师没有教学经验却被分配了较多的教学任务，加之科研考核压力大，青年教师无法在学术研究和教学任务之间分身，人才培养质量自然受到影响。

4.5.2.2 考核评价过程存在过度国际化的倾向

前文提到，伴随着当前过度国际化的趋势，很多高校将海外期刊论文发表作为考核、评价教师的重要标准，在行政外力的干预下，很多海外期刊被提升到了与真实水平极不相符的位置。这对于通用性较强的自然科学和部分社会科学来说，或许无可非议，但落实到

---

①唐小兵．十字街头的知识人［M］．北京：中国人民大学出版社，2013．

②于畅．基于分类管理的高校教师考核评价机制［J］．沈阳师范大学学报（社会科学版），2015（2）．

人文学科尤其是文、史、哲学科，过度国际化带来的后果十分严重。人文学科研究需要国际化，学术期刊也需要国际化，但是不能以英文化来替代国际化，不能以欧美化替代国际化，更不能以是否加入SCI/SSCI作为是否国际化的标准。学者黄慕萱指出，人文社会学者的研究议题具有强烈的本土关怀，自然会将最符合该国文化特点与思维特点的语言作为文献发表所使用的语言，因此以英文文献为收录对象的SSCI及A & HCI（艺术与人文科学引文索引）无法代表非英文人文社会学者的研究产出状态。①

4.5.2.3 过于量化的考核评价方式适应性不强

目前高校“一刀切”地通过量化指标衡量教师科研成果与教学工作量的做法，在一定程度上忽视了对工作质量的关注和评价，尤其不能反映思维活跃度更高、创新能力更强的青年教师的工作绩效。使用单一的量化指标评价不同学科特质的教师群体或处于不同职业发展阶段的教师群体，与人才成长规律是完全背离的；简单地以论文、专著和科研项目等指标为依据进行人才评价，“产出”的不是人才而是没有个性差异的行业专家。量化管理虽然可操作性强，但对于人文学科教师来说，学术研究价值不可能由几篇文章、几个专著和科研项目概括。量化管理会“指引”人文学科青年本土教师将更多的精力投向如何发表论文和获得科研项目，从而导致高校“重科研、轻教学”“重形式、轻内容”“重科研成果的级别数量、轻科研内涵质量”等现象的产生。除此之外，高校现行的人文学科学术评价体系，不仅将科研成果量化，对学术成果产出的周期也进行了严格量化，如各高校职称

① 仲伟民. 量化评价扼杀人文学术［J］. 澳门理工学报（人文社会科学版），2015（3）.

晋升以及国家各级各类人才项目申报，都要求候选人填写近5年的学术成绩，这导致有些教师为了短期内发表论文、获得项目，紧跟政策、拉关系，导致学术腐败和学术不端行为的产生。总之，量化标准虽表面精确，但不太适应人文学科研究规律。

4.5.3 资源配置方案未充分纳入人文学科

前文已经介绍了高校海外人才和本土教师、高端人才和青年教师、自然科学教师和人文学科教师在资源配置方面存在显著差异，这些差异直接导致人文学科青年本土教师在学术资源占有方面处于“食物链的最底端”。差异出现的原因主要有两个：一是与资源配置直接相关的人才项目顶层设计中，青年人才、本土人才和人文学科人才处于相对边缘化的位置，可供申请的项目较少且重复入选情况严重，人文学科青年本土教师很难在其中分得一杯羹；二是高校对人文学科青年本土教师的重视度和关注度不够。事实上，除国家人才项目以外，高校自设的人才项目也名目繁多，“双一流”建设经费中用于师资队伍建设的占到极高比例，但大部分校内项目对标的是国家项目，缺乏创新和整合，与国家项目重复支持现象严重，真正从学校学科整体发展角度来支持人文学科发展的举措少之又少。

虽然人文学科发展的整体态势和面临的外部生态不如自然科学，但高校完全可以从自身角度出发做一些制度设计，如通过自设各类人文学科专项支持计划来弥补国家人才项目体系上的缺位。实际上，部分“双一流”高校已经开始自觉地、主动地投入上述工作，而且在实践中找到了学科整体发展的新思路。从某种程度上来说，水平越高的“双一流”建设高校，其在人文学科方面投入的精力和资源也相应越多。例如，北京大学为弘扬和传承中国传统文化，提升中国文化在世界范围内的影响力，组织实施了文科发展计划，融汇多方资源，设立人文基金，专项设立了讲席教授项目、北京大学杰出青年学者奖项目以及访问学者项目等，专项支持人文学科教师；清华大学建立了文科资深教授制度；复旦大学开展了人文学科振兴计划，通过设立人文讲席教授、奖励杰出青年学者以及国际学术访问资助等方式，对人文学科教师进行重点支持；中国人民大学实施了教授一级岗位聘用制度，实施了杰出学者支持计划，以核发杰出学者特殊津贴的方式，全面提升人文学科杰出学者特聘教授和青年学者的岗位待遇。事实上，强大的文科优势也为上述高校的“双一流”发展提供了源源不断的动力支持。

4.5.4 薪酬制度方案设计针对性不强

薪酬制度是高校人力资源管理的重要基础，是高校激励制度的重要组成部分。高校教师的工作动机和工作满意度、师资队伍凝聚力等都源于薪酬的调节和激励作用。对人文学科青年本土教师而言，目前高校的薪酬结构仍不够合理，薪酬标准两极分化现象严重，激励效果不明显。

高校教师薪酬水平因职称、学科、工作类别不同存在差距，由于职称晋升通道不顺畅，大多数人文学科青年本土教师在很长时间内都受困于职称无法晋升，没有资格指导研究生，无法申请更高层级的科研课题及项目，同时，各高校为稳定人才，还纷纷制订了自己内部的人才支持计划，根据教师“帽子”含金量、职称级别、资历、高水平业绩等进行二次分配。再加上自然科学和社会科学的创收能力普遍高于人文学科，高端人才和人文学科青年本土教师之间的收入差距进一步拉大。这些都导致作为弱势群体的人文学科青年本土教师，对薪酬的满意度进一步降低。高端人才和青年教师、人文学科与自然科学薪酬标准两极分化的根本原因，在于高校的整体协调机制和规划职能未能充分发挥，高校可以通过以下方式如设立人才特殊支持计划、根据各学院创收能力合理确定不同的薪酬分担比例、年薪制等为有潜力的青年教师提供特殊成才通道、教学和科研激励等，以避免过大的薪酬差距给不同群体带来心理失衡问题，进而避免人员流失。

5　破解人文学科青年本土教师职业发展困境的对策

本章主要聚焦高校人文学科青年本土教师职业发展困境的制度根源研究，从高度重视人文学科的战略定位、优化本土博士生培养模式、构建基于人文学科青年本土教师特点的人力资源管理体制、营造支撑人文学科青年本土教师职业发展的外部生态，以及用好用活博士后制度优越性5个方面，提出破解人文学科青年本土教师职业发展困境的对策建议。

5.1　从战略高度定位人文学科的重要性

提到本土研究的繁荣和发展，就不能抛开人文社会科学研究。从某种程度上说，人文社会科学研究正是本土研究的核心和根本。2001年，国家主席提出“四个同样重要”的论述，将哲学社会科学研究提升到与自然科学研究同样重要的位置；2004年1月，中共中央发布的《关于进一步繁荣发展哲学社会科学的意见》进一步提出要“完善哲学社会科学人才培养选拔和管理机制”；党的十七届六中全会提出要“建设宏大文化人才队伍”；党的十八届三中全会通过的《中共中央关于全面深化改革若干重大问题的决定》中提出要“引进有利于我国文化发展的人才、技术、经营管理经验”；等等。这些都体现了党和国家对于人文社会科学研究的日益重视。人文社会科学繁荣发展和从业者使用培养，逐渐纳入我国文化强国和人才强国战略。人文学科作为人文社会科学领域的基础学科，高度重视并推动其实现繁荣发展，具有重要的战略意义。

5.1.1 人文学科发展事关我国社会发展和民族进步

从推动社会进步这一宏观视角来看，各种思想解放运动往往发挥着最根本的作用，而引发思想解放运动的，往往是人文学科领域的一项重要研究成果，如一篇具有变革、创新意义的檄文，一套整合古今发展规律的令人信服的理论体系，或者是一段描述未来发展蓝图的慷慨激昂的讲话等。换句话说，虽然人文学科不能直接推动社会进步，但是在历史上每一个关键的时间节点，间接推动社会进步和变革的，往往都是人文学科研究的重要成果。

中国经济、社会发展波澜壮阔的历史，正是在各种理论思潮和思想指引下绘就的。例如，毛泽东同志在革命战争年代提出的枪杆子里面出政权、论持久战、中国的红色政权为什么能够存在的有关论述，准确洞悉了中国革命的未来发展趋势，进而指导中国革命战争取得了伟大胜利；《实践是检验真理的唯一标准》引发了国内关于真理标准问题的大讨论，彻底引发了人民思想解放，为后来改革开放大好局面的出现提供了良好开端。近年来，习近平总书记不断将中国历代优秀的思想文化遗产与当前中国改革开放发展过程中的具体问题相结合，形成了一系列关于治国理政的理念和思路，成为改革开放过程中的新航标。上述思想从精神层面、价值层面以及理论层面引导着中国人民在社会发展过程中不断取得胜利。

当然，必须承认，在推动社会发展进步的过程中，各种新技术发明、新经济发展体制的创新以及新行政管理模式的探索等，都会对相关领域某一特定时间段内的发展产生重要的推动作用，但其背后，也有着人文学科的重要辅助。技术进步虽然可以视作社会发展进步的重要表征，但技术在使用过程中涉及的世界观和价值伦理等问题，必须也只能依靠人文学科解决。

我国当前正处于日新月异的发展过程，走的是一条前无古人、极具中国特色的发展之路。我国在发展过程中遇到的许多新问题、新情况是欧美国家在较长的历史发展过程中从未遇到和经历过的，因此我们无法直接套用欧美固有的解决问题的思路和方法，只能凭借自身在实践过程中不断深入、透彻、客观的实际研究，找到解决问题的具体方案。目前，我国的改革发展已经进入新的攻坚期，各种新问题和新挑战不断出现，在日益复杂的国内外环境下，为应对各种未知的风险挑战，不断提高领导集体在发展过程中的决策水平，推进国家治理能力及水平的提高，在历史的追溯、现实的思考以及未来发展的预测等方面，我们迫切需要人文学科研究发挥应有作用。

5.1.2 人文学科研究事关我国发展实践经验的阐释和总结

作为世界发展格局中的重要力量，我国在实现自身发展和治理过程中积累了丰富经验，这些宝贵经验，作为世界文明进步和发展的重要财富，我们有必要也有义务传播和分享给世界各国。当前，我国的人文学科研究正在经历一个极为重大的变革阶段，那就是此前的“文科研究西方化”进程逐渐结束，我国社会的话语语境正在改变，人文学科研究的本土化趋势日益加强。众所周知，我国此前人文学科研究的学科体系主要是在20世纪初参考欧美模板建立起来的，与整个学科体系相关的理论工具、方法路径、设计旨趣等均来源于欧美国家。也正是从这个角度上说，我国当前的人文学科研究仍具有较大的发展空间，而充分利用上述空间的关键在于转换发展方向，走结合中国实践并引入中国经验的本土化发展之路。从一个较长的时间段来说，我国人文学科发展的生命力和出路就在于将关注点集中到研究本土经验和本土转型问题上，进而对上述经验和转型进行诠释和分析，然后将其传播和分享给全世界，这正是人文学科的使命担当和研究优势。

改革开放以来，我国经济社会转型和发展走的是一条迥异于西方发展的独特道路，为向社会工业化转型提供了新的发展路径和发展理念。从某种程度上来说，我国的发展之路已经颠覆了很多基于西方经验提出的结论，我国的本土化实践已经积累了足够丰富的研究素材、展示了足够独特的研究魅力，已经而且将继续为学术界开辟研究沃土。这就是越来越多的西方学者甚至是诺贝尔奖获得者级别的高端人才纷纷来我国进行访问交流的原因，也是越来越多的海外知名专家愿意通过各种方式来我国高校开展学术交流的原因，还是越来越多的海外学生愿意在我国留学多年的原因，更是一些优秀的本土博士毕业生能够凭借对于国情、民情、社情的熟知而在欧美知名高校谋得教职的原因。中国这个有着深厚历史文化积淀的大国，正在依托近年来的飞速发展，逐渐成长为世界学术研究的重要一极。西方先进的研究范式与中国本土经验的相辅相成，催生出很多新颖的视角和观点，孕育出新的学术增长点。这是我国独有的研究资源，为当下人文学科学者提供了广阔的发展空间。从更深层次的角度讲，人文学科研究向本土化转型的本质其实就是把中国经验升华为一般的理论原则，从而丰富、补充乃至部分修订被视为普适规则的若干预设。①

5.2 优化本土博士培养模式

本土教师之所以有别于海外人才，关键在于其是在本土取得的博士学位。所以，探讨如何实现本土教师职业发展，根本落脚点要放在如何提升本土博士生培养质量方面。与欧美发达国家相比，我国的学位制度建立时间较晚，虽然目前我国已经初步形成了具有中国特色的博士生培养模式，但由于培养时间过短，加上其他诸多方面的条件限制，我国的博士生培养模式还存在很多需要改进的问题。本研究所指的青年教师，定位于博士毕业后首次进入高校从事教学科研工作的人群，其工作开展效果与其博士期间接受的学术训练紧密相关，因此，探讨人文学科青年本土教师职业发展，就应该从做好人文学科本土博士培养模式改革入手。高等教育主管部门和高校应当真正学好、领会好习近平总书记关于人才工作有关论述的核心要点，从提升素质、提高认识、加强交流等角度谋划博士生培养模式改革，尊重博士生培养规律，破解体制性、机制性障碍，建立更加灵活、开放、实效的人才体制机制，为优秀人才脱颖而出释放牵引性动能。

5.2.1 着力提升本土博士生能力素质

高校教师的职业素质与其受教育期间所接受的学术训练质量直接

① 王学典. 把中国“中国化”——人文社会科学的转型之路［N］. 中华读书报，2016-09-21.

相关，而学术训练最关键的就是攻读博士期间。因此，高校教师的科研学术能力、教学能力与其博士毕业学校及学位的含金量密切相关。当前我国“双一流”建设的关键要素是教师队伍，国内高校和海外知名高校在博士生课程设计、人才培养体系构建、教学发展中心建设等多方面存在差距，我们应充分借鉴海外知名高校的博士生培养模式，不断提升博士生毕业学校及学位的含金量。对本土博士生培养模式进行研究，主要是为了帮助本土博士在日后的高校教职竞争中积累优势。因此，在提升本土博士生能力素质这一问题上，首先应该明确博士生培养的最终目的，究竟是单纯给博士生“增加知识”还是“训练学者”，出发点不同，博士生培养环节设计不同。单就本研究而言，笔者希望解决的问题是本土青年教师的职业发展困境问题，因此，从博士生培养的角度来说，“训练学者”显得更有现实意义，而这一点正是我国博士生培养与海外高水平大学博士生培养最大的差距。我们必须从训练一名优秀学者的角度出发，着力提升本土博士生的能力素质，重点从优化课程设计和提升博士生国际交流能力两个方面着手，变革此前单纯以“增加知识”为目的的培养方式。

5.2.1.1 优化博士生课程管理

课程管理直接关系着博士生未来的学术道路和职业选择，只有做到与世界前沿接轨、与研究前沿一致，才能真正实现博士生培养质量的提升。

与博士生毕业后获得教职比例较高的美国相比，当前我国的博士生课程数量相对不足，学分数量要求相对较低。考虑到博士生已经具备了较强的专业知识，因此，应当适当减少一些旨在夯实专业基础的必修课程，适量增加对于博士生科研能力有帮助的跨学科课程、研究方法类课程和专业前沿类课程。

除此之外，要注意课程内容与研究选题的衔接，提高博士生发现问题并运用理论解决问题的能力。调查显示，当前本土博士生的论文选题与课程学习的关联度较低，一半以上的博士生反馈两者之间关联度一般或者没有任何关联，因此，授课教师应加强与博士生的讨论环节，充分发挥个性化指导作用，保证学以致用。

美国博士生在选课过程中自由度较高，每一名学生在攻读博士之前都会在博士生指导委员会和指导教师的共同帮助下，结合自己的研究兴趣和未来的发展方向，确定个性化的培养方案，该方案将明确其在培养过程中需要修读的专业课程、方法论课程以及通识教育课程。当然，美国个性化修读、个性化培养方案的设计是建立在资源丰富、分类清晰的课程体系基础上的，但其根据学生个性特征和学术兴趣有针对性地配置课程的理念，值得国内高校借鉴、学习，千人一面、没有特色的人才复制模式是不适应博士生创造性思维的发散和未来教师岗位对于博士生素质要求的。

强化课程考试监管制度，落实竞争淘汰制度。国内博士生培养质量不高的一个主要原因是考核缺位，只注重入校时的考试和出校时的论文设计，在校期间的课程考试和综合考核往往流于形式，常规考核方式以提交课程论文为主，无法给予博士生较大的考核压力，也无法让导师了解博士生科研方面的进展。因此，应进一步强化监管制度，引入随堂测试等多种形式的测评考试机制，而且考试内容不应过于宽泛，应该鼓励学生将授课内容与实践具体结合起来，开展一些研究方法应用于实践应用的测试。同时，综合考试过程中要严格把关，形成淘汰机制，真正让博士生感受到学术压力。

5.2.1.2 提升博士生国际交流能力

鼓励和支持本国学生赴国外学习和交流进而提升国际交流能力，已经在世界范围内形成普遍共识。在承认差距、正视问题的前提下，国内高校、科研机构在人才培养尤其是本土博士生培养方面应当主动加强与世界知名大学交流合作，充分利用各级政府和高校校友、海外人才资源，推动本土博士生在读期间赴海外丰富教育经历，这样一方面可以提升本土博士生的培养质量，让他们有更广阔的学术视野和前沿视角，另一方面可以提升国内高校的教育教学水平，形成良好的博士生培养体制机制，让更多的优秀毕业生选择国内高校。

加强与国际知名高校的合作与交流，进而提升本土高校在读博士生的国际化水平，可以通过以下举措来实现：一是国内高校应当与海外高校建立学分互认和学位互认机制，博士生赴海外进修后获得的学分可计入课程培养体系；二是做好博士生全英文课程分类设计，对用于强化专业基础知识的普及型全英文课程和为进一步深造做准备的针对性课程进行分类管理；三是提供更多支持项目，鼓励博士生在读期间赴海外参加各种类型的学术会议。随着来华工作海外高水平专家的越来越多，我们可以通过具有针对性的制度设计，让有潜力的在读博士生担任海外高水平专家在华期间的工作助手，加深与海外专家的联系，充分利用海外专家的学术资源。

5.2.2 探索本土人才储备制度

在高度重视本土博士生培养的过程中，我国高校应该以更加积极和开放的心态融入国际教育与学术竞争，既不骄傲自满，也不妄自菲薄。无论是从建设高水平大学的角度还是从留住人才的角度来看，国内大学都应该为自己培养的博士生留出一定的准入通道。如果放任本土博士直面海外博士的全面冲击，在人员招聘以及后续待遇问题上不能一碗水端平，让本土博士备受歧视，其结果必然是国内优秀人才的大规模流失，从而造成中国本土高等教育的恶性循环，最终结果是优秀的本科生及研究生生源不断流向国外，国内高校研究生生源质量持续下滑，“双一流”建设目标失去最重要的生源保障。在保持自信的同时，高校应该结合教职申请条件，提前有针对性地加强本土在校生能力、素质培养，大力实施人才储备制度就是一项重要举措。

人才储备制度是指对于有潜力的在校生资源，高校应该从发现其潜力开始就系统化制定人才培养战略，建立“早发现”“早培养”“早选留”的人才培养机制，从而为学校师资队伍补充优质新生力量。大量研究认为，博士生在毕业后是否有潜力从事高校教职，关键在于其在攻读博士期间科研能力的培养以及科研成果的积累情况。相关研究证明，博士在校期间获得的科研成果数量越多，其日后获得高校教职的可能性就越大。因此，高校完全可以从在读研究生甚至是本科生中选取科研成果好、科研潜力大的学生作为储备人才并为其提供特殊支持。当前，北京大学、中国科学技术大学及中国人民大学等都在主动将储备人才作为未来师资补充的重要方式。例如，北京大学近几年引进的留学归国人员，绝大多数都是本校毕业生，他们通过在海外高水平大学继续攻读博士学位或者开展博士后研究的方式接受海外训练，同时将海外研究范式带回国内，继续从事本土研究。笔者在深入访谈H高校古代文学领域的一位青年教授时，他重点推介了北京大学的这种人才培养和使用模式。他还特别强调了这样一点，即在有潜力的北京大学本科生和硕士生尤其是人文学科领域的学生出国求学和交流之前，北京大学相关学院的资深学者会对其提出明确要求，即必须严格区分国内外的研究范式，避免陷入西方研究者“学术普及”式的研究路径。

对于被列入人才储备支持计划的学生，高校可以从奖学金支持计划、科研资助计划两个方面给予其特殊支持，同时单独设立储备人才国际交流支持计划。储备人才完成考核任务并准备初次就业时，如申请的是所在高校相关专业教学科研岗位，同等情况下高校会优先选留。为落实好人才储备制度，高校应该分解相关任务，将其具体落实到每一个基层单位，认真考察和遴选本单位有学术潜力的优秀学生，专门建立储备人才数据库，对其成长进行长期追踪并定期进行数据分析。同时，依托各类驻外使馆、校友会及孔子学院等机构，加大人才招聘信息宣传力度，通过各种形式吸纳储备人才回校工作。人才储备制度的实施需要具有长期性、稳定性、预见性和激励性。同时，对于本校考察、遴选出的具有足够学术潜质的学生，应当给予其足够稳定的资源支持和特殊保障，为其提供一个较长的时间周期，以供其充分施展才能和发挥作用。只有这样，储备人才才能有感情、有感激、有激励、有保障、有预期地参与高校“双一流”建设。

5.3 构建基于人文学科青年本土教师特点的人力资源管理体制

本研究在第3章从人力资源管理过程中的几个重要环节出发对人文学科青年本土教师面临的职业发展困境进行了具体描述，同时在第4章对其原因进行了分析，指出，主要原因不在于人文学科青年本土教师的主观能力弱，更大程度上是因为该群体职业发展中高校管理系统的异化和外部环境的支撑、供给缺位。人文学科青年本土教师在职业生涯初期，只有借助良好的外部环境支撑才能完成角色转化和经验积累，在此过程中，组织所呈现出来的主观重视态度、提供的管理模式、构建的服务体系和外部环境，会对青年教师职业发展产生决定性影响。具体落实到人文学科青年本土教师职业发展角度，需要针对其自身特殊性构建考核评价体系，灵活使用“非升即走”“分类管理”等制度来打通其职业发展通道，同时不断推进薪酬制度改革，通过多种渠道提高人文学科青年本土教师收入水平，激发其工作积极性。

5.3.1　对标目标群体的特殊性进行考核评价

考核评价虽然只是人力资源管理过程中的一个具体环节，但其作为一种确定标准的重要方式，影响着招募甄选、资源配置、薪酬激励以及培养开发等人力资源管理所有内容。宏观意义上的考核评价决定着人员的招募甄选标准、项目设计和资源配置的导向、薪酬激励的目标以及培养开发的关切点，因此意义极其重大。为配合“双一流”建设，高校应该聚焦人文学科研究和人文学科教师的特殊性，本着“奖优提质”的原则，突出“一流学科”建设导向、强调精品意识。具体来说，国家和高校可以从以下几个方面着手，重点推动人文学科青年本土教师考核评价体系的完善和更新：

5.3.1.1　要基于发展的观点进行长期评价

人文学科青年本土教师兼具人文学科研究和人文学科教师的特

点，但在当前片面追求论文发表数量和层级的大环境下，国际期刊论文发表成为评价教师的重要指标。事实上，人文学科青年本土教师正处于学术发展的初级阶段，很难拥有丰富的国际期刊论文发表经验，也少有机会了解国际前沿学术领域关注的学术选题。这些困难都导致人文学科青年本土教师在当前评价体系中处于不利位置，甚至误导他们的研究发展方向。因此，我们需要充分结合人文学科青年本土教师的特点，用发展的观点进行人才评价，理解人文学科青年本土教师短期内发表不利、科研成果不突出是发展中的一种合理现象，淡化当前过强的国际期刊论文发表导向，给人文学科青年本土教师更大的成长空间来释放活力。同时，要充分重视人文学科青年本土教师职业生涯黄金期并做好合理规划，这对于高校人才队伍建设、学科发展和青年教师自身发展来说都具有长远意义和重要价值。人文学科研究具有延续性和长期性等特征，人文学科青年本土教师也是一个特殊的、需要高度关注的教师群体，他们具有人文学科教师所共有的特点，即出成果慢、出成绩难、出特色难、国际期刊论文发表难；同时，作为人文学科教师中的青年群体，他们处于职业发展初期，面临着教学、科研、家庭各方面的压力；作为本土教师，他们又区别于人文学科青年海外人才，所能获得的资源和支持相对较少。高校如果能结合人文学科青年本土教师特征，在入职初期为其设置更具特色、更有针对性的考核体系和评价指标，尽量减少其入职时的不适感，将能更好地发挥人文学科青年本土教师所长，助力他们在教学、科研工作中取得更好的业绩。H高校在这一方面的做法具有借鉴性，该校及时纠正教学工作“倒三角式”的分布状况，规定新进青年教师来校后第一年不必承担教学工作，而是全力继续自己博士期间的科学研究并尽快出成果，进而确定自己的研究方向。但是，在这一年时间内，新聘青年教师需要承担助教工作，由有经验的老教师进行“一对一”辅导，以尽快提高教学能力，积累教学经验。

5.3.1.2 要基于多元标准进行综合评价

人文学科研究相对自然科学研究更加形而上，更加抽象，因此，除论文发表以外，著书立传、基础研究成果等均应作为考核依据。考核方式和考核标准越具体，越能充分发挥考核目的，让教师感到被尊重和被理解。在这一点上，H高校制定的理工院系绩效奖励管理办法就具有借鉴性，虽然该绩效奖励管理办法依旧是按照计分和量化的方式来核算，但H高校纳入绩效核算范畴的内容更多、维度更广，涵盖了论文发表、成果转化、科研获奖、重大项目、重要人才和重点机构六大类，每一大类都分成高、中、低3个层级，每一层级都可按标准折算成相应的绩效积分，最后按照绩效积分高低来确定绩效奖励。该管理办法事先充分征询了校内有关部门的意见，因此不同大类内容的绩效积分折算具有整体适用性和合理性，而且不重复计算。比如，国家杰出青年科学基金项目，可计入重大项目大类或重要人才大类，但绩效积分都是50分且不能重复计算。虽然人文学科和自然科学存在很大差异，但上述办法在拓展考核评价维度方面的设计思路值得其他院校借鉴。评价内容不能简单地局限于纯量化的论文，而应该将专著、内参、规划建议等可以充分体现人文学科社会服务职能的指标都纳入其中。同时，对于高端人才和青年人才，评价标准也要有所区分：对于高端人才，要更加重视其在学科建设和团队建设方面的特殊贡献，适当减少不必要的常规考核评价；对于青年人才，要重视其学术潜力的发挥与在学科梯队建设中的梯队补强作用，适当平衡其科研任务和教学任务，给予其充分的发展时间和空间。

5.3.1.3 要基于社会责任和使命担当进行特殊评价

对人文学科青年本土教师而言，研究成果和学术思想应该能真正服务人民、服务国家与服务社会实际需要。面对时代发展需要，为了在世界范围内传播中国声音、讲述中国故事，我们迫切需要一批有社会责任感、勇于担当的人文学科青年本土教师，因此，我们应该将传播中国声音、讲述中国故事、承担社会责任作为衡量人文学科青年本土教师的重要标准，全面评价其在促进学术发展、社会进步中所发挥的作用，而不是仅仅关注其学术成绩。又如我国的国际组织人才培养推送工作，随着国际组织在当今全球治理中作用的日益凸显，通过人才培养推送等方式融入国际组织进而参与全球治理，是向世界传播中国声音、树立中国形象的重要路径。高校是国际组织人才培养的工作母机，国际组织人才推送是高校社会服务职能的重要体现，也是高校智库建设的重要内容，还是高校教师国际化职业再培养的有力手段，从这个角度上讲，国际组织人才培养推送工作方面的突出贡献，也应纳入考核评价指标体系。

相较于自然科学领域，人文学科研究更具有中国特色，因此，在考核人文学科青年本土教师时，需要适当参考国际通用标准，但也要充分考虑中国特色，要充分征求相关专家的意见，结合学科发展的实际需要，充分参考专著、论文、课题、项目等，有针对性地制定考核标准，坚决避免“一风吹”“一刀切”，考核评价既要讲求效率，也要保证公平。

笔者在与B高校一位中国语言文学学科的青年本土教师进行深度访谈时曾提出过类似的问题，问题如下：

笔者：就国际期刊论文发表来讲，本土教师和海外人才谁更出色一些？

教师：海外人才确实更出色一些，他们在国际资源和语言能力方面有优势。

笔者：本领域国际期刊论文发表和国内期刊论文发表最大的差异是什么？

教师：国际期刊论文发表选题切口较小，主要是一些微观的实证研究，更多的是将西方的研究思路拿到中国实践中来进行检验。

笔者：如何评价这种检验的实际作用？

教师：个人认为国际期刊论文发表在自然科学和社会科学等通用性更强的学科中更加有效，但单纯就人文学科特点而言，在真正推动国家发展和社会进步实际需要的宏观层面，个人感觉本土研究更加重要，从这个角度上讲，本土教师的优势可能会更明显一些。

从上述对话可以看出，与自然科学和社会科学等通用性学科相比，人文学科领域国际期刊论文发表的研究范式、研究成果，以及研究深度、广度有其自身特殊之处。“双一流”建设目标的实现，需要重点关切研究本身，而不是研究所依附的主体，因此，不能因为过度追求国际化而忽视人文学科本土教师在本土研究中的特殊作用，对其应该有足够的重视和特殊关切。从能够真正推动我国社会发展和民族进步角度而言，对海外人才，我们也需要进行适度的本土化培养，以更好地发挥他们的作用。目前，很多高校如中国人民大学，已经在组织开展海外青年人才赴合作企业实践锻炼[①]等相关工作，取得了显著

① 匡振旺，张馨月．高校海归教师培养模式新探——通过挂职锻炼促进海归教师再本土化［J］．人才资源开发，2015（4）．

成效，其经验值得借鉴。

5.3.2 灵活使用“非升即走”的制度设计

当前，以北京大学、清华大学和复旦大学为代表的国内精英高校在“双一流”建设过程中积极学习世界名校的先进经验，推动“终身教职”制度本土化，率先探索“非升即走”模式。上述各高校探索实施了预聘制、短期聘用与长期聘用相结合、长期和固定期限相结合、聘期制与终身制相结合以及师资博士后聘期试用等制度，虽然在聘用教师的试用期限、申请晋升次数及实施范围等方面存在不同，但根本上都是围绕“非升即走”晋升模式作出的政策制定。在“非升即走”晋升模式实施范围方面，大部分高校仍处于试点和探索阶段，只有少数高校在全校范围内铺开。作为舶来品和新生事物，出于稳妥考虑，目前“非升即走”制度在国内高校往往采取“新人新办法，老人老办法”等相对缓和的方式实施。

“非升即走”的制度设计虽然表面上看来比较严格，但若实施得当，将有利于青年人才尽快成长并脱颖而出，毕竟制度本身带来的压力可以推动教师时刻保持竞争意识，形成你追我赶的良性竞争局面。国内精英高校实施“非升即走”制度以来，在人才培养和队伍建设方面确实取得了不少成绩，因此该制度本身是值得借鉴和探索的。但同时我们也要看到，制度的实施需要较高层次的平台和一系列衔接得当的管理体制和工作机制相配套，如有环节处理不当，效果很可能达不到预期。以国内W高校为例，其自2015年起实施“非升即走”制度，按照“3+3”两个聘期的合约聘用新进教师。其中，首个聘期纳入博士后管理，首个聘期结束未能转入事业编制的，可继续申请做二站博士后。2018年年底，该校组织开展了首批申请转入事业编人员评审工作，69位结束首个聘期的候选人只有48位提交了转编申请，最后只有6人通过，其中人文学科组只有1人。淘汰率偏高的原因有很多，如6年的试用期只过了一半，人才引进的甄别过程难免会存在风险等。但如此高的淘汰率，确实值得政策制定者反思，“非升即走”的制度设计最终被执行成短期聘任的专职科研人员制度，这与该校对于上述人才重视程度不够、接收意愿不强以及评价体系设计不够合理都有直接关系。

再好的制度设计都需要配套合理的考核评价体系，考核评价体系不合理，再好的制度设计也无法顺畅执行并产生预期效果。“非升即走”制度来源于欧美发达国家普遍实行的“终身教职”制度，其设计初衷并不是淘汰教师，而是保护优秀教师，通过将其中的优秀人才纳入“终身教职”轨道，以保证其可以心无旁骛地开展教学科研工作。该制度在欧美国家高校中发挥了良好的人才选拔和激励作用，但“移植”到我国，在执行过程和执行效果上却不尽如人意，其根源就在于目前的考核评价体系。事实上，在“非升即走”的压力下，人文学科青年本土教师为取得一定的学术成果必须具有更强的“自律性”，投入更多的额外时间。由于人文学科研究周期长、研究性质相对独立，大部分青年教师迫于考核压力，完全无暇按照自己的研究兴趣开展自由研究，因为急于发表成果而选择低水平重复研究，难以形成特色和高质量的科研成果，导致严重的学术短视和学术投机问题。相较于自然科学教师，人文学科青年本土教师很难在短期内达到相关要求，这使其在短期考核中处于劣势。因此，在探索更加适应中国国情的“非升即走”制度时，应做到因时、因地、因人，在考核评价体系设计方面对人文学科青年本土教师要有更加细化、明确的考核要求，避免错误的工作导向。

除此之外，“非升即走”制度在实施过程中还必须妥善处理以下两个问题：一是要重点规划“非升即走”制度的适用范围，做好政策衔接，不同高校和不同学科在使用该制度时应该有所区分，要妥善处理好老体制教师和新体制教师之间的关系，做好制度并轨和待遇调整，避免产生矛盾；二是学校层面要坚定决心，同时尽可能打通人员流动渠道，在考核评价公平公正的前提下，严格按政策执行。

5.3.3 分类管理，差异化发展

人文学科青年本土教师遭遇职业发展困境的重要原因之一是高校人力资源管理体制中的行政干预，因此，必须对行政干预的着力点进行优化，充分发挥其正向导引作用，通过分类管理实现教师的差异化发展。目前“双一流”高校选留教师的门槛都比较高，在此基础上，可以尝试通过设置人才轨道和师资博士后轨道的方式来对新聘青年教师进行招募、配置和管理。高校只需要对候选人的品质德行和任教基本资质进行把关，对候选人的学术评价，则完全可以交给学术委员会，通过同行专家代表评审的方式进行。高校的行政干预应明确定位，坚持到位而不越位，主要通过对于人才轨道和师资博士后轨道指标的适度安排，从宏观层面保证学校各学科人才梯队结构的合理性，如结合相关学科教师目前的职称构成、性别结构和年龄结构等，合理配置人才指标和师资博士后指标。

具体来说，高校应该对标国家各类高层次人才项目标准，设立高校自身的人才项目体系。校内人才项目体系设立的初衷是为入选国家

高层次人才项目进行人才培养和孵化，针对新聘青年教师的项目，可以以候选人水平为依据设置青年A岗和青年B岗，青年A岗的入选标准可以设定为达到国家“四小青”项目水平，青年B岗的入选标准可以设定为聘期结束后达到国家“四小青”项目水平。根据上述条件，由学术委员会组织相应评审，确定候选人可以受聘的岗位，对于能直接达到学校人才计划入选条件的候选人，建议直接聘任，走“非升即走”的长聘制发展轨道。需要注意的是，人才项目体系每一层级都需要有相应的年龄限制和严格的聘期考核，以保证校内人才项目体系真正实现“非升即走”。

对于有一定潜力但尚未达到校内人才项目入选条件的候选人，可以将其纳入师资博士后轨道进行管理。为保证岗位吸引力，师资博士后的岗位待遇要适当高于普通讲师，而且在管理上要有足够的弹性。在这方面，H高校师资博士后制度设计具有很强的借鉴性。该校师资博士后制度首先在“双一流”学科建设单位开展，学校明确规定，拟作为讲师引进的博士，除直接受聘、纳入学校人才项目体系以外，全部需要进入博士后科研流动站进行师资博士后研究。为保证岗位更具有吸引力，该校除提供正常讲师岗位所有待遇外，还额外给予国家博士后资助指标并优先安排入住博士后公寓。该校师资博士后制度最值得借鉴的地方在于它灵活多样的考核方式和弹性化的考核周期，根据该校文件，所有进站满一年半的师资博士后都需要参加中期考核，考核结果共分为4种情况：①基本达到校内人才项目（青年项目）入选标准或者达到学校副教授任职条件中科研要求的，中期考核结果定为优秀，可在国家规定的两年在站期满后提前申请受聘学校教职或出站；②达到校内人才项目（青年项目）入选标准或学校副教授任职条件中科研要求潜力的，中期考核结果定为良好，可继续在博士后科研流动站工作，待3年期满后进行出站考核，届时若基本达到校内人才项目（青年项目）入选标准或学校副教授任职条件中科研要求，可申请受聘，其中第3年待遇保持不变；③基本完成工作任务但难以达到校内人才项目（青年项目）入选标准或学校副教授任职条件中科研要求的，中期考核结果定为合格，应在两年期满后按普通博士后办理出站；④工作任务完成较差的，中期考核结果定为不合格，做退站处理。上述4种处理方式，完全本着双向选择的思路，给予高校和师资博士后本人充分的选择余地，虽然制度本身仍需要落实到具体的科研发表等量化指标上，但良好的待遇水平、弹性化的考核方式和多样化的职业选择，令人感受到浓浓的人文关怀。

实施人才和师资博士后双轨制管理，可以更有针对性地对不同群体进行个性化培养，对于纳入人才轨道的，应创造更好的平台条件、提供更有竞争力的薪酬标准，推动其尽快成长并入选国家各类高层次人才项目；对于师资博士后，则通过2~3年的观察和培养，充分了解其在教学和科研方面的专长，为其日后留校提前设定职业发展目标。同时，双轨制的运行，实现了对新来校青年教师的适度分流，入选人才项目的候选人申报职称不占用学院推荐指标，师资博士后在站期间不参加副高级职务评审等，在一定程度上缓解了现有教师的职称评审压力。当然，需要注意的是，双轨制在运行过程中同样涉及不同类别、不同层级、不同学科人才的评价标准问题，仍需要充分发挥学术委员会的作用。

5.3.4 推进薪酬制度改革，提高教师收入水平

薪酬制度在高校师资队伍建设特别是吸引人才、留住人才、激发

人才等方面，作用巨大。因此，薪酬制度直接关系着高校人才队伍的稳定，对高校能否持续保持核心竞争力具有重要影响，对促进高校事业长期、良性发展与激发教师教学、科研潜力等具有极其重要的作用。

首先，应当充分调研世界一流大学教师薪酬水平，并结合我国经济发展的实际情况，进行薪酬基准设定，同时建立薪酬调整和自然增长机制。

国内高校青年教师薪酬既要在横向上与别的国家青年教师薪酬水平相比具有竞争力，也要在纵向上与国内其他行业的薪酬水平相比具有竞争力。《国家中长期教育改革和发展规划纲要（2010—2020）》明确提出，要“依法保证教师平均工资水平不低于或者高于国家公务员的平均工资水平，并逐步提高”。①只有保证青年教师有尊严的生活，才能激励其潜心科研、追求学术理想。因此，要进一步加大外部投入，尤其是教育中真正用于支持青年教师队伍建设的投入，落实习近平总书记在全国教育大会上提出的“教育投入要更多向教师倾斜，不断提高教师待遇，让广大教师安心从教、热心从教”。②世界上一些顶尖大学，其在师资队伍建设方面的投入普遍占到其教育总开支的60%左右甚至更高，而我国这一比例还偏低。教育投入再多，如果没有真正用于解决主要矛盾和关键问题，那也达不到好的效果。

其次，在制定薪酬政策时，应当充分考虑人文学科和自然科学的差异性，既要做到鼓励科研创新，又要做到维持均衡发展。

要特别注意人文学科研究周期长、成果见效慢等特点，灵活设计

① 国家中长期教育改革和发展规划纲要（2010—2020）[N]. 人民日报，2010-07-30.

② 习近平在全国教育大会上强调　坚持中国特色社会主义教育发展道路 培养德智体美劳全面发展的社会主义建设者和接班人 [N]. 人民日报，2018-09-11.

分类、分层的长效激励手段。青年教师在入职初期，本身就面临着各种各样的压力，尤其是人文学科青年教师，成果的产出需要前期大量的精力投入，如果使用与自然科学相同的激励方式来对其进行激励，势必会削弱其科研积极性，影响长久发展。在制定薪酬及激励方案时，应当充分尊重各个学科的学科特点和差异，有针对性地制定适应不同学科的薪酬体系与激励方案，通过体系、方案的合理性来增强高校教师的身份认同感，通过政策的科学性来提升高校教师的长期发展动力。

最后，进一步优化和调整科研经费管理办法，增加学术人力资本补偿。

一流大学建设最核心的要素是人，特别是对于人文学科而言，其在研究过程中更多地运用内省、想象、体验以及直觉等非理性的研究方法，和自然科学、社会科学相比，人文学科科研经费的使用和管理应该更加突出人的重要性，更加强调脑力劳动的价值。国家基于人文学科的各类研究项目，应加大对人的投入，在人文学科研究经费分配方面应由重物轻人向重人轻物转变，从而在提高人文学科教师薪酬待遇方面贡献力量，改变人文学科教师收入水平普遍低于知识密集型行业收入水平的情况。2018年，国家印发了《国务院关于优化科研管理提升科研绩效若干措施的通知》，提出扩大科研经费使用自主权试点等变革科研经费管理办法的举措，这无疑是政策利好，希望相关政策能进一步完善并真正落地。

5.4 营造支撑人文学科青年本土教师职业发展的外部生态

人才的成长离不开外部环境和制度的整体改善。当前我国正处在快速发展时期，但快速发展也容易导致结构性和体制性问题，这些问题会进一步影响高校人才队伍建设。当前我国高校人才队伍建设最主要的矛盾是新旧管理体制并行的矛盾以及人才引进与人才培养难以协调的矛盾。这些矛盾已经成为制约我国高校一流人才队伍建设的关键问题。制度的变革和优化必须有足够多的资源的投入，新的资源投入能够带动或促进人力资源管理制度革新，进而为引进人才和培养人才提供支持和保障。

5.4.1 在顶层设计上优化人才项目

人文学科青年本土教师的成长不会一帆风顺，需要给予其必要的支持。因此，应该根据青年教师职业发展所处的不同阶段，提前制定针对性较强的人才项目和支持政策。例如，之前提到的人才储备、博士后专项资助、新入职青年教师资助制度等，建立起体系化、系统化、持续化的项目和政策配套机制，让青年教师在职业发展的每个阶段都没有后顾之忧。目前，国家各类人才项目和人才政策层出不穷，但在涉及海外人才和本土教师、自然科学教师和人文学科教师、高端人才和青年教师等几组关系时，其设计和出发点带有明显的偏向，人文学科青年本土教师处于极为不利的位置，因此需要从顶层设计上对人才培养体系进行宏观优化。

5.4.1.1 在人才项目设计上，应给予本土教师同等的申报资格

目前，国家在重大人才项目的设计上已经有了兼顾本土教师的导向，高校及有关部门应积极主动地加以落实。从2010年起，“海外高层次人才引进计划”在人文社会科学领域设置了相关申报范围，虽然有限，但部分人文学科海外高层次人才回国发挥作用也有了渠道。2011

年，中宣部同其他多个部门启动“文化名家工程”，2012年中宣部将其与此前实施的“四个一批”人才培养工程合并，统称为文化名家暨“四个一批”人才工程。在大规模引进海外高层次人才的同时，面向国内人才的“万人计划”已经全面布局，而且两个项目逐渐打通并轨，统一竞争的局面正在形成。比如，在2018年“海外高层次人才引进计划”和“万人计划”项目申报中，政策调整的几个导向就很有说服力：“海外高层次人才引进计划”将新闻传播学学科纳入人文社科类项目申报范围；“万人计划”哲学社会科学领军人才中专门增加名额，重点引进可以“构建中国话语体系、让世界读懂中国”的人文社会科学人才。上述两个项目下设的青年项目，即“海外高层次人才引进计划”青年项目和“青年拔尖人才”入选者资助期结束后，在申报“万人计划”科技创新领军人才项目时可以不占用用人单位推荐指标。这表明“海外高层次人才引进计划”和“万人计划”开始集中收拢并回归到同一条轨道。同样，此前也提到，中华人民共和国人力资源和社会保障部启动实施了“博士后创新人才支持计划”，给予青年人才政策支持和科研启动经费，而且明确规定此项目仅针对国内博士生，不针对海外博士和外籍博士。这都是有利于本土教师职业发展的利好消息，国家和高校应该在此基础上进一步加大对人文学科教师、青年教师、本土教师的支持力度，增加项目申报指标并增设相应的人才专项。

5.4.1.2 人才项目及科研项目学术资源配置要坚持正确的价值导向

在为人才项目及科研项目配置学术资源时，应该以研究者所进行的研究是否真正具有现实意义、是否真正能解决现实问题为导向，而不能单纯地以申报人累积的学术成果和人才称号为导向。当前，一些人才项目的制度设计开始逐渐淡化“帽子”概念，更多地关注岗位和课题的实际意义。例如,《“长江学者奖励计划”管理办法》就改变了此前根据个人现有科研成果进行评判的操作方式,真正将“长江学者奖励计划”项目落实为动态岗位的调整,设计了关系国家政治、经济和社会发展,直接性、针对性解决问题的领域和方向,真正体现了人才项目实施的最终目的是服务国家战略,解决当下国家发展面临的现实问题。此外,针对当前人才政策和人才项目政出多门、重复资助问题严重的情况,国家应该统一调控和整合,构建国家层面统一的人才支持计划,集中配置资源。自2018年开始,“青年长江学者”入选者不再被允许申报与之级别相同的“青年拔尖人才”项目,处于资助期的“国家杰出青年科学基金”项目入选者也不再被允许申报长江学者特聘教授项目,这都将为解决人才项目及科研项目学术资源配置过度集中问题产生重要引导作用。

5.4.1.3 人文社会科学和自然科学“同等重要”,在制度层面应“同等对待”

当前,国家对于人文社会科学的重视没有体现在制度层面,这突出表现在对人才的评价和对成果的奖励两个方面。在对人才的评价方面,人文社会科学人才没有国家设立的最高荣誉称号。目前,我国在自然科学和工程技术领域均设有院士制度,使得自然科学和工程技术领域的杰出人才得到了极大的认可与尊重,但人文社会科学资深专家却未得到应有的重视。在对成果的奖励方面,人文社会科学领域的成果没有得到应有的重视。目前,我国自然科学领域已建立起以“三大奖”[①]为代表的、相对完善的国家级奖励制度。与之形成鲜明对比的

①三大奖为国家自然科学奖、国家技术发明奖、国家技术进步奖。

是，我国人文社会科学领域长期缺乏国家奖励。因此，笔者建议将完善人文社会科学奖励制度上升到国家发展战略层面，从国家制度层面保证“人文社会科学与自然科学同等重要”：一是在人的评价奖励上，建议参照自然科学领域的做法，设立人文社会科学院士制度或者教授一级岗位聘任制度；二是在成果的评价奖励上，建议设立国家（级）哲学社会科学奖。

5.4.2 营造本土教师与海外人才和谐共生的机制

在经济全球化和教育国际化的背景下，引进海外人才对于扩大高校人才队伍、满足人才队伍全面协调可持续发展需要、短期内实现关键领域核心技术创新，都具有十分重要的战略意义。然而，海外人才引进是一项系统性工程，短时间内大规模、集中式的海外人才引进，给本土教师带来了巨大的竞争压力，原本双方取长补短、和谐共生的融合局面，因为外部生态的变化逐渐演变成相互角力的对立态势。不少学者也对上述现象进行了跟踪研究。

孟晓娟（2013）通过研究进一步明确了上述矛盾的存在，她提出，随着我国经济水平和科技水平的提高，“建设创新型国家”应该制定科学合理的人才政策，从更全面的角度审视本土教师和海外人才之间的关系。

赵卫华（2010）等根据大样本的统计资料，从默顿的“积累优势”理论视角出发，分析了本土博士和海外博士在职业生涯和职业成就方面的差别，统计结果显示，虽然二者在职业生涯发展上差别较大，但如果单纯从学术成就层面考量，二者并没有显著差别。这一结论促使人们对现在的人才评价和使用体制进行反思。

孙早（2014）等在探究海外人才和本土教师关系问题上，利用分省数据分析了海外人才在国内学术市场与国外学术市场对本土教师科研产出水平的影响，其认为，海外人才引进对于本土教师究竟是产生促进作用还是抑制作用，主要取决于海外人才在细分领域内人力资本竞争优势的大小。在竞争优势很小的环境里引进海外人才将有助于本土教师发展，反之，海外人才的引进会大大抑制本土教师的发展。

司江伟等（2012）从共生理论和共生效应角度出发，对如何形成海外人才与本土教师的和谐共生局面进行了探索，并从优化评审机制、建设人才特区、实施双轨制等角度提出了政策建议。

上述研究从各自方面验证了本研究的有关论点，包括：大规模、集中式的海外人才引进确实给本土教师职业发展带来了巨大压力，本土教师群体呈现出一定程度的弱势化倾向；本土教师和海外人才在某些学术指标上差距已经很小，本土教师在竞争中处于弱势的关键原因是倾向化的外部生态和行政化的管理体制；海外人才和本土教师具有取长补短、和谐共生的可能，但前提条件是竞争双方在人力资本积累方面差距不大。

相较于青年海外人才，青年本土教师在某些方面确实具有一定竞争劣势，这其中存在一些客观原因，如本土高校博士生培养体制、培养方式、培养要求等与世界一流高校存在客观差距，但也有一些主观原因，例如，国内高校为追求考核指标中的国际化水平，在人才招聘中要求应聘的青年教师必须是海外高水平大学或者研究机构出身等。我们要破除这一制度性障碍，给予本土青年人才更多的公平竞争机会。事实上，海外人才引进以及能否真正发挥作用需要具体问题具体分析，因此，高校在引进海外人才过程中，要充分权衡自身整体水平，因时、因地引进契合度较高的海外人才，切勿盲目追求数量。

海外人才引进要区分不同学科并兼顾地域发展差异。一些人力资本积累水平较高的通用学科，与国际水平差距不明显，具有参与国际竞争的可能性，引入海外人才参与竞争，能够进一步拓展本土教师视野，增强其竞争能力，有效提升学科内本土教师的综合能力。这也是国内高校集中在生命科学、材料工程以及经济管理等学科引进海外人才的主要原因。但是，在一些特色性、地域特征明显的学科，引进海外人才工作则要相对谨慎，要考虑实际需求和承受能力，不能一味崇洋媚外。这也是一些传统的人文学科引进海外人才项目相对较少的主要原因。在地域分布上，人力资本积累水平相对较高的东部、南部沿海高校，在引进海外人才方面持更加开放的态度，因为当地高校既有的本土教师已经达到相对较高的水平，具备同海外人才进行对话交流和平等竞争的能力，双方可以取长补短，共同发展。而中部、西部人力资本积累水平相对欠缺的高校，在引进海外人才时要保持谨慎的态度，避免引进的海外人才和本土教师差距较大而产生挤出效应，压制本土教师成长，同时，海外人才也会因为团队、平台整体水平有限而产生跳槽想法，导致出现本土教师被压制、海外人才留不住的两难局面。

笔者与H高校一位做中国史研究的青年本土教师进行过深度访谈，在他看来，此学科领域引进海外人才的数量并不多，而且引进的海外人才在现有体制下作用发挥得并不充分。他列举了此学科先后引进的几位海外人才，其中包括几位日本和韩国的学者，他们对于国内高校过于量化的考核方式明显不适应，甚至出现考核不合格而中途离职的情况。H高校世界史学科的一位青年教师则认为，海外人才相对于本土教师而言具有很大的发展优势，个人成长也相对迅速。此外，在与N高校中国史专业一位青年本土教师进行深度访谈时，其明确表示，对于海外人才引进，自己并没有感受到竞争压力。这一方面与学科的本土化特色有关，另一方面也和N高校同时入选一流高校和一流学科平台有很大关系。访谈中在谈及薪酬待遇时，该青年教师表示对本学校的薪酬待遇标准并不满意，也给笔者详细介绍了一些地方高校可以提供的高薪酬标准，但是在离职倾向上，该青年教师观点非常明确，其认为平台比相关待遇更为重要，表示自己不会因为待遇较低而离开学校。上述访谈充分证明了学校和学科所在的平台不同，本土教师与海外人才竞争态势不同。

高校应当树立本土自信，给予本土青年人才更多的尝试机会。同时，本土青年人才也应当努力证明自身的培养价值和发展潜力。为了赢得更多信任，获得高校的认可，本土青年人才应当加强自身学术修养。

5.4.3 营造以能力为本的人才使用环境

除了学历歧视，本土青年教师在职业发展过程中面临的另外一个问题是“帽子”歧视。近年来，国家实施了大量的人才项目，这为高校和科研机构在选人用人和资源分配方面提供了重要的参考依据，很多高校在人才招募甄选过程中，会重点考虑“帽子”人才，事实上，高等教育和一流大学要实现跨越式发展，不能完全依靠抢挖和强挖人才，真正的一流大学在人才引进过程中非常稳妥和谨慎，它们更加看重人才的质量、人才长期发挥作用的适用性以及人才与学校和所在学科的契合度。排名靠前的“双一流”高校虽然在海外人才引进过程中投入很大，但对重点关注的项目和引进的人才都坚持着较高要求，以海外人才来校后能充分发挥作用为重要标准。

过于重视“帽子”人才会使高校发展陷入困境。从高校人力资源管理、人才发展实际情况来看，荣誉称号只代表相关机构对于人才过往成绩的一种肯定和认可，其获得有必然性，也有偶然性，它不能全面反映人才的综合素质和发展潜力，也不能作为单一指标来衡量人才。人才选用必须坚持能力导向，淡化“帽子”概念，在人才引进和人才评价问题上，如何正视“帽子”对于人才激励和学科发展的积极作用，让其真正体现项目设计初衷，对此高校应做出探索，总的来说就是在重实力和重品质方面严格把关。

5.4.3.1 要重实力而非“帽子”

在人才评价标准上，“帽子”固然是重要的参考依据，其在很大程度上能够反映被考核者的学术能力，但是“帽子”更多体现的是被考核者过去的学术经历与学术成就，对其之后的学术研究劲头和学术潜力并不一定具有很强的预测作用。进行人才评价，既要看重过去学术的积淀，也要看重未来学术研究的劲头；既要注重当前能力，也要注重未来潜力。要甄选出真正有学术实力的人才，而不是藏在“帽子”头衔下的伪人才。因此，要优化人才评价机制，使评价指标能够真正体现人才的“才”，从而挑选出真正有实力的人才。

5.4.3.2 要重品质而非“帽子”

“帽子”仅在一定程度上体现被考核者的学术能力，要想成为一名优秀教师，教学能力和人品道德缺一不可，绝不能仅凭一顶“帽子”就对受聘者做出全面判断。在对候选人进行考察的时候，不仅要对其学术成绩和学术潜力进行判断，也要对其教学能力进行考察，不仅要看重人才当前的创新能力和未来的创新潜力，更要看重其内在的道德“里子”，其思想品德、治学态度、生活作风都会对其所从事的教书育人工作产生巨大影响。

此外，要想真正做到“帽子”人才和普通教师一碗水端平，国家应当优化相应的高校考核评估指标体系，看业绩和实际成果，而不是看人才项目入选者数量尤其是海外人才项目入选者数量。这一点仅依靠高校自身努力是不够的，当前的一级学科评估体系，教育部学位与研究生教育发展中心采用了“代表性骨干教师”这一评价指标，以“质量、成效、特色、贡献”为价值导向，在学科评估指标选择上取得了巨大进步。然而，上级单位尽管已经努力改变以往“以学术头衔评价学术水平”的师资队伍评价方法，但部分高校本质上仍是量化人才项目入选者尤其是海外人才项目入选者。学科评估指标是高校人才队伍建设重要的“指挥棒”，如果评估指标始终关注个体荣誉，关注“帽子”，高校为保持学科地位，难免在人才招聘时偏离“业绩”和“实绩”方向。

5.4.4 推进人文学科青年本土教师国际化培养

高校教师职业发展不仅是高校教师自己需要考虑的问题，也是政策制定者、社会和高校需要统筹考虑的重要事项。长期以来，国家对于人文学科青年本土教师的重视程度不够，“外来的和尚好念经”的观念导致“重引进、轻培养”现象突出，人才长远发展规划不足的现状导致“重选留、轻培养”问题严重。顶层关注、制度支持、资源配套和服务保障的缺位，严重影响了人文学科青年本土教师的持续、长远发展。因此，我们需要更多地考虑人文学科青年本土教师职业发展规划，探索终身培养机制，提升本土教师的国际化水平，使人才培养更有预见性和长期性，真正“用得好”人才，也真正“留得住”人才。本土教师与海外人才的最大差距集中体现在国际化程度方面，因此，为缩小这种差距，推进本土教师国际化能力培养就成为题中应有之义。高校开展人文学科青年本土教师国际化能力培养工作，应该贯彻落实党和国家的领导方针，深入学习领会精神，抓住国家战略机遇，积极制订有效方案，深入加强过程管理，优化考核评价体系，出台各项支持措施，充分体现人文关怀。

5.4.4.1 应当聚焦需求，开展多层次、多维度的国际交流与合作

提升青年教师国际化水平，应以师资队伍建设定位与人才培养需求为中心，开展多层次且更具针对性的国际交流与合作。上海交通大学从校际合作、院系合作和项目合作等多方面为提升国际竞争力做出积极探索：①校际合作。学校与多所世界一流大学建立战略合作伙伴关系，其中包括美国耶鲁大学、加拿大多伦多大学、英国诺丁汉大学、澳大利亚墨尔本大学等，在国际人才联合培养及合作研发等方面充分开展合作。②学院合作。因学科发展差异，各学院依托自身特点，借助双学位、交换生、暑期交流等项目，通过国际学术论坛、联合研讨会、联合实验室等方式，加强与国际名校相关院系合作。③项目合作。根据专业发展实际需求，以科研项目为主，与国际知名大学展开以资深教授为负责人的点对点式的合作或平台对平台式的合作，不仅有效提升了学校承接大型科研项目的能力，还为科研团队建设搭建并拓展了实验平台，对提升师资国际化水平进行了有益探索。这值得我们借鉴。

5.4.4.2 围绕特色，对接行业发展前沿，搭建合作平台

在国家高等教育大众化及教育管理体制改革背景下，一些高校通

过自身拓展或合并重组的方式，实现了自身规模的扩大化、学科门类的齐全化。在此情况下，我们更应围绕学校办学特色与学科优势，立足青年教师学术发展与学校优势专业保持领先的现实需求，有针对性地推进国际化合作战略。北京交通大学注重整合优势资源，推进特色项目建设，搭建合作科研平台，实现协同创新，与俄罗斯莫斯科国立交通大学、圣彼得堡国立交通大学签署合作协议，通过举办中俄交通大学校长论坛，组建中俄交通大学校长联盟，以联合培养的方式推进青年教师国际化，促进学术交流机制与技术人员交流机制的常态化。其成功经验值得我们学习。

5.4.4.3 引培结合，同步提升教师参与国际化研究的能力

依托外引内培、赴外实践等，丰富学校各层次的国际交流方式，拓宽人才培养渠道，将有助于提升教师参与国际化研究的能力，进而打造出一支多层次、跨学科的国际化师资队伍，促进高校“双一流”建设。“外引内培”，既可通过与海外知名大学联合办学来提升青年教师国际化水平，又可与海外高水平大学教师发展中心合作，将资深外籍专家“请”进高校，实现深度外语教学。天津大学与国外教师培训机构合作，开设外籍教师培训课程。学校遴选教师参加外语专项培训。与此同时，天津大学青年教师还可进行第二语言与专业知识的学习，提升与自身专业知识相关的外语交流能力与授课能力，促进国际化教材编写、国际化课程发展。“赴外实践”，即既支持、鼓励国内高校教师赴世界一流大学研修与交流，又可依托境外办学模式，加速青年教师队伍国际化进程。天津大学每年分不同批次选拔一定数量的青年教师赴境外大学进修学习，希望青年教师在境外高校多角色深度参与教学活动、管理活动。例如，天津大学每年选拔青年教师赴美国加

州大学洛杉矶分校进修，这些青年教师，以学生的视角，参与课程讨论、实验研究，完成课程考试与学术论文；以访问学者的身份，进行课堂教学模式开发与研讨；以教学管理者的角色，与海外高校教学管理人员讨论教师成长与开发模式、实验室运行模式及专业认证等不同内容，学习境外高校先进的管理经验。这些经验值得各院校借鉴。

5.4.4.4　完善保障措施，减轻青年教师跨境交流负担

青年教师的国际交流与合作是影响高校国际化的重要因素，青年教师通过交流合作，了解学科前沿动态，拓宽理论研究视野，加速成长为复合型人才，有利于其职业生涯与学术生涯的可持续发展。高校应以尊重青年教师成长规律为前提、以关注青年教师合理诉求为核心、以发挥青年教师主体性为根本，建立健全青年教师国际化保障制度。江苏省于2017年制定了专门文件，有效激发了青年教师在国际交流过程中的自主性、能动性和创造性，文件有以下特点：①明确经费资助形式，江苏省财政部门对赴境外研究人员给予两种形式的经费支持，主要可用于进修人员在境外的基本生活、学习费用，如会议注册费、医疗保险费、国际交通费等，鼓励高校同时提供适当的经费支持。②回应青年教师合理诉求，明确工资待遇，即青年教师在境外进修期间，在政策允许范围内，其工资福利待遇保持不变。③制定灵活的考核晋升政策，畅通发展途径，青年教师从境外回校后，可优先申报科研项目、人才项目等，同时，若申报晋升高一级的职务，计算现职务任职年限时不额外扣除境外进修时间。这也值得相关院校学习。

5.4.4.5　鼓励创新，积极探索青年教师海外培训新模式

在向海外派出本土教师的同时，高校也应充分利用海外优质智力资源，加强对于教师的在地国际化培养。通过邀请知名海外学者来校

讲学，帮助教师开拓国际学术视野，提高教学科研水平，增强国际交往能力，扩展国际学术网络，储备人才引进资源。例如，北京大学2012年设立“大学堂”顶尖学者讲学计划，邀请各学科领域具有前瞻性和战略性眼光的顶尖学者来校开展讲学等交流活动，通过举办讲座、开设课程、合作研究，分享世界最前沿的思想和智慧，交流本领域的学科动态和研究进展，增强创建世界一流大学的综合竞争力。该计划在不断完善自身管理和运行机制的同时，也加强了和学术共同体的互动，注重面向社会公众传播知识。再如，中国人民大学2005年设立了“学科国际前沿教师培训”项目，邀请海外知名专家和杰出华人学者来校，通过集中授课和开设讲座的形式对校内青年教师进行专题培训，培训内容涉及海外学术研究最新成果，专业领域国际前沿热点、难点以及现代研究方法等。与此同时，学校还筛选、整理历年培训资料，在网上建立项目资料库以供查阅，进一步扩大项目在校内外的影响力，发挥培训的衍生价值。

考虑到学科特色和教师需求的差异化，高校应该以需求为导向，开拓培养途径，发挥学院基层作用，体现最大限度支持，设立多种特色教师国际发展项目，丰富培养层次，探索更加符合学科特色和个性需求的差异化培养方案。例如，为推动学院在“走出去”和“请进来”工作中实施更加符合学科特色和教师需求的差异化战略，中国人民大学设立了“教师国际培训学院（系）特色项目”，深入贯彻二级管理制度，将项目设计和管理权限下放到学院，学校只负责审批项目及监管资金使用情况，以此鼓励学院充分拓展和利用自身国际合作资源，开展更加具有针对性和实效性的教师国际培训。本土教师国际化培训通过此种形式展开，内容更加丰富，形式更加灵活，特色更加鲜明，成果更加丰硕，还能充分调动学院的积极性，“激活”现有国际合作资源，并在一定程度上促进了本土教师和海外人才的多层次、全方位交流合作。例如，学院设计的国际合作发文培育项目，邀请海外学者或期刊主编来校短期访问，同时派出教师进行科研访学，与海外学者进行一对一的深入学术交流与合作，力争促成教师在顶级学术期刊上发表高水平的学术论文。

5.5 用好用活博士后制度

博士后制度在引才过程中发挥着重要的作用，各高校不断提高对其的重视程度。考虑到博士后制度的制度优势涉及优秀后备人才的遴选和培养发展等人力资源管理多个环节，笔者单独用一节来对其进行阐述。

5.5.1 博士后制度的特殊优越性

博士后制度有其自身独特的制度优势，实践证明其可以助推青年人才快速成长。国务院办公厅印发的《国务院办公厅关于改革完善博士后制度的意见》(以下简称《意见》)，对博士后制度进行了一系列系统化、导向性改革创新，进一步明确了改革目标，强调坚持质量导向、严格进出站把关、弹性化做好在站管理、引导资源优化配置。上述导向充分认可了博士后制度在涵育高层次创新型青年人才方面发挥的特别作用，并传递出通过制度创新、职能衍生、资源整合和管理优化等方式进一步释放博士后制度在高校青年人才队伍开发方面作用的信号。

5.5.1.1 博士后制度服务高校涵育青年人才

随着国家和博士后科研流动站设站单位不断提高博士后岗位待遇，优化博士后管理方式，博士后制度在会聚优秀青年人才方面发挥了极大作用。据统计，2015年外籍人员和留学人员来华（回国）开展博士后研究的人数为1755人，在当年招收全国总人数中占比达11%，且一半以上毕业于世界百强名校，①博士后平台作为高校选留优秀青年人才前沿阵地的基本条件已经具备。

5.5.1.2 博士后制度代表着高校人事制度改革的目标和方向

传统人事管理的最大障碍是人员流转不通畅，尤其是我国特有的户口、编制、档案及子女就学等制度，给人才流动及有效利用带来了很大阻力。而在这一点上，博士后制度恰好成为高校人事制度改革"特区"。《博士后管理工作规定》明确提出，博士后出站后可以"到当地公安户政管理部门办理本人及配偶和未成年子女的户口迁出和落户手续"，②这对于打破户籍限制、提高博士后岗位吸引力和推动人才跨地域合理流动具有积极意义。博士后在站期间的身份被定位为具有流动性质的科研人员，流动站设站单位可以要求博士后限期出站等，这就为高校前期选留青年教师提供了"试错"平台。

5.5.1.3 博士后制度配套经费增长稳定，资源保障有力

博士后制度自实施之日起，在日常经费标准方面已经进行了多

① 任社宣. 外籍和留学人员来华（回国）做博士后人数创新高［N］. 中国组织人事报，2016-03-25（1）.

② 中华人民共和国人力资源和社会保障部. 关于印发《博士后管理工作规定》的通知［EB/OL］.（2006-12-29）［2022-11-29］. http://www.mohrss.gov.cn/xxgk2020/fdzdgknr/zcfg/gfxwj/rcrs/201407/t20140717_136298.html.

次调整。国家还专门设立了博士后创新人才支持计划，提供有竞争力的经费支持，而且项目特别规定，海外归国博士和外籍博士不能申请，这更加清晰地透露出该计划专项用于支持优秀青年本土教师的特征。事实上，博士后创新人才支持计划的出台，推动了一大批本土青年人才脱颖而出，他们当中的大部分已进入国内名校并成为本土青年教师队伍的一员。此外，全国博士后管理委员会办公室还出台了博士后国际交流计划派出项目，专项支持入选者赴国（境）外合作单位进行访问研究，这一项目的出台，最深远的意义在于为本土博士提供了接受国（境）外系统化专业训练的机会，提供了缩小与海外人才之间关键性差距的机会，也为他们能够和国（境）外人才公平、公正地竞争原本仅针对海外人才的项目提供了机会。加之中国博士后科学基金属于普惠式项目，三成以上的博士后在站期间均可获得资助。国家层面稳定增长的配套经费和一揽子项目资源，极大提升了博士后制度的吸引力。同时，随着博士后制度优越性的日益显现，设站单位配套也在不断优化。

5.5.1.4 博士后制度联动校企平台，能有效拓宽青年教师职业再培养渠道

博士后制度的优越性不仅体现在其在高校设有流动站方面，还体现在其在企业及相关研究机构设有工作站方面。为保障博士后培养质量，除国家特殊审批之外，工作站开展博士后招收工作必须与流动站联合进行。上述方式将流动站的教师资源、研究优势与工作站的研发资源、实践优势进行了充分结合，高校青年教师可以依托博士后平台，以特聘专家或访问学者等方式进入合作单位从事相关研发工作，发挥高校社会服务职能，丰富理论研究，积累教学素材，达到职业再培养

的目的。

5.5.2 依托博士后制度开发青年教师的实施路径

基于上述博士后制度的优越性，以博士后制度创新为抓手，认真解读和落实国家文件精神，通过创新博士后制度，衍生博士后流动站和工作站平台在遴选后备人才、会聚高水平师资、整合学术资源和建设实践锻炼基地等方面的职能，可以有效破解青年教师招募甄选、择优培养、成长环境优化和职业再培养等方面的诸多难题，驱动高校青年教师队伍开发。当前，由于各高校对博士后工作的重视程度不够，开展创新性设计的积极性不足，博士后制度的特殊优越性尚未充分彰显。高校应该通过灵活的制度设计、个性化的管理体制和运行模式拓展博士后制度的内涵和外延，衍生流动站和工作站平台职能，驱动青年人才队伍开发。

5.5.2.1 优化师资博士后制度设计，充分发挥博士后制度的人才遴选作用

师资博士后制度是近年来高校拓展流动站平台职能最主要的方式。师资博士后制度一般设置2~3年的考察期，供引才单位和拟聘人才充分了解，然后以双向选择的方式确定是否将拟聘人才纳入正式教师序列。由此可知，师资博士后在正式入职前，需要经过进站遴选和出站留校遴选两个考察评价环节，这与既往的人才直接留校相比，更具选拔性和竞争性，更能有效激发师资博士后的学术潜能，降低人才选拔风险，妥善解决高校在人才流转方面“进易出难”的共性问题。师资博士后制度设计初衷良好，但执行中却时常面临无法招收到最优人选的窘境，原因主要如下，即对未来职业生涯的不确定性和角色定位的不明确性导致岗位待遇吸引力不足，制约了师资博士后制度的推

行。为此，建议各高校借鉴北京科技大学、中南大学等高校的做法，在制度推行方面坚持全校“一盘棋”，保证制度的一致性、平衡性和稳定性。同时，应当进一步明确定位博士后尤其是师资博士后的身份和地位，教育管理部门应将其纳入管理范畴，加强制度宣传和解读力度，提升政策权威性和社会认可度，推动师资博士后制度成为常规的人才选育路径。

5.5.2.2 定制个性化培养方案并优化支持导向，充分发挥博士后制度的人才涵育作用

针对青年人才职业生涯初期特点，高校可整合博士后平台资源，定制个性化培养方案并优化支持导向。对于重点培养的师资博士后，可优先从学校海外高层次人才项目入选者中选取合作导师，双方开展“一对一”式合作，提升师资博士后的国际竞争力。同时，优先推荐师资博士后申报国家博士后国际交流项目，实现合作导师“请进来”和博士后“送出去”相结合的双向国际化培养目标。此外，在教学安排和科研考核方面，应更加弹性化，如探索师资博士后助教制度，更加侧重对其学术潜力和成果质量的考核，鼓励师资博士后专注于发表高水平论文和提升国际竞争力。当前，出于保证博士后培养质量的需要，国家对高校在职进站比例进行了严格限制，高校教师在职进入博士后流动站进行再培养遭遇制度障碍。为此，建议国家尝试推行特色项目申报机制，准许高校针对用好、用活流动站平台设计特色项目，由国家组织评审工作，审核通过者准许立项并适当放宽在职进站比例。

5.5.2.3 创新校企联合培养模式，会聚青年人才，充分发挥博士后制度的资源集聚作用

除国家和设站单位提供外部配套外，优化管理，将粗放型的校企

联合培养模式调整为集约型的校企联合培养模式，也是改善青年人才学术资源紧缺现状的重要方式。既往的校企联合培养模式以“零敲碎打”为主，合作停留在博士后招收层面。简单来说，校企双方之所以选择合作，更多的是因为国家文件中“工作站应与流动站联合招收、培养博士后人员”①的硬性规定，因此，合作压力和主动性完全集中于企业一方，高校完全处于被动位置。同时，在联合培养经费缴纳及管理使用方面，高校依旧采用合作导师指导费和行政管理费的传统形式，资金使用导向不明，流转效益低，结余现象严重。为提升校企合作的广度和深度、提高资源使用效益，高校可通过设立“青年人才教席”或者“人文学科教席”的方式与企业建立合作关系，即企业注资在学校设立固定教职席位，专项用于遴选和支持设站单位有潜力的青年教师参加学术交流、发表高水平论文及改善生活待遇等，教席冠名由校企双方协商确定。设立教席后，高校将不再向企业收取导师指导费和行政管理费。该方式将企业对于人才的需求和高校对于青年人才开发的资源需求有效衔接起来，密切了校企合作，在企业宣传方面也可以发挥重要作用。

5.5.2.4 组织青年教师挂职锻炼，充分发挥博士后制度的职业再培养作用

做好高校青年人才职业再培养，关键在于密切跟进青年人才队伍出现的新情况和新动向，进而有的放矢地做好制度设计。近年来，高校青年人才队伍呈现出的最新、最大的特点就是海外青年人才数

① 关于印发《博士后管理工作规定》的通知［EB/OL］,（2006-12-29）［2022-12-26］.http://www.mohrss.gov.cn/xxgk2020/fdzdgknr/zcfg/gfxwj/rcrs/201407/t20140717_136298.html.

量持续增加及比例持续上升。海外青年人才在带来先进研究方法和国际前沿视野的同时，也面临着对于国情、社情、民情不熟悉和不了解的尴尬。因此，加速海外青年人才本土化进程，成为高校青年人才职业再培养面临的重要议题。在这方面，中国人民大学实施的“百名海归挂职计划”，具有很强的借鉴意义。该项目充分利用学校博士后科研流动站平台积累的社会资源，遴选了多个单位，分批选派海外青年人才，以联合培养博士后、企业特聘专家或访问学者等方式，以参与课题研究、业务管理等多种形式，深入合作单位，丰富实践研究和案例教学，实现国际化与本土化的有机结合，进而将科研优势转化为教学优势，提高人才培养质量，在推进青年教师职业再培养方面起到了非常好的作用。挂职锻炼不仅适用于海外人才，同样适用于处于职业生涯初期的本土教师，是丰富课堂教学和科学研究素材进而深化职业再培养的重要手段。

参考文献

专著及毕业论文

［1］ 安德森.椰壳碗外的人生［M］.徐德林，译.上海：上海人民出版社，2018.

［2］ 里维埃尔.念书，还是工作？这是一个问题［M］.潘霓，译.重庆：西南大学出版社，2018.

［3］ 柯林斯.文凭社会：教育与分层的历史社会学［M］.刘冉，译.北京：北京大学出版社，2018.

［4］ 诺伊，霍伦贝克，格哈特，等.人力资源管理：赢得竞争优势［M］.刘昕，柴茂昌，译.北京：中国人民大学出版社，2018.

［5］ 优德科维奇，阿特巴赫，朗布利.21世纪的青年教师：国际视野［M］.姜帆，王琪，译.上海：上海交通大学出版社，2017.

［6］ 德雷谢维奇.优秀的绵羊［M］.林杰，译.北京：九州出版社，2016.

［7］ 李碧虹，余亚华，舒俊.高校教师质量的现状与提升策略研究［M］.长沙：湖南大学出版社，2015.

［8］ 周海涛，李虔，年智英，等.大学教师发展：理论与实践［M］.北京：教育科学出版社，2015.

[9] 洪永森.中国经济学教育转型——厦大故事[M].厦门：厦门大学出版社，2014.

[10] 何齐宗.教师教育与教师发展研究[M].北京：中国社会科学出版社，2014.

[11] 唐小兵.十字街头的知识人[M].北京：中国人民大学出版社，2013.

[12] 黄艳.中国“80后”大学教师胜任力评价研究[M].北京：中国社会科学出版社，2013.

[13] 廉思.工蜂：大学青年教师生存实录[M].北京：中信出版社，2012.

[14] 贾建锋，赵希男.基于胜任特征的知识型企业战略性人力资源开发研究[M].北京：经济科学出版社，2011.

[15] 方振邦，徐东华.战略性人力资源管理[M].北京：中国人民大学出版社，2010.

[16] 于显洋.组织社会学[M]. 2版. 北京：中国人民大学出版社，2009.

[17] 阿特巴赫，巴兰.世界一流大学：亚洲和拉美国家的实践[M].吴燕，宋吉缮，译.上海：上海交通大学出版社，2008.

[18] 刘念才，SADLAK J.世界一流大学：特征·排名·建设[M].上海：上海交通大学出版社，2007.

[19] 陈学飞.留学教育的成本与收益：我国改革开放以来公派留学效益研究[M].北京：教育科学出版社，2003.

[20] 肯尼迪.学术责任[M].阎凤桥，译.北京：新华出版社，2002.

［21］ ALTBACH P G，REISBERG L，YUDKEVICH M，et al. Paying the professoriate：a global comparison of compensation and contracts［M］. New York：Routledge，2012.

［22］ RUMBLEY L E，PACHECO I F，ALTBACH P G. International comparison of academic salaries：an exploratory study［M］. Chestnut Hill，MA：Boston College Center for International Higher Education，2008.

［23］ 刘贝妮.我国高校教师过度劳动问题研究［D］.北京：首都经济贸易大学，2018.

［24］ 袁凤凤.高校青年海归教师对中国现行学术体制的适应研究［D］.上海：华东师范大学，2014.

［25］ 孟晓娟.海外引进人才与本土人才协调发展机制研究［D］.青岛：中国石油大学（华东），2013.

［26］ 李俐.英国高校教师发展研究［D］.重庆：西南大学，2013.

［27］ 胥传孝.公派出国留学效益及评价研究［D］.上海：同济大学，2008.

［28］ 巩霞.中美高校人力资源管理比较研究［D］.济南：山东师范大学，2006.

期刊文章

［1］ 李伯重.学术创新：根治“学术垃圾”痼疾之方——以历史研究为中心［J］.澳门理工学报（人文社会科学版），2019（1）.

［2］ 王建华.人才竞争、资源配置与理念重审：关于“双一流”建设的若干思考［J］.中国高教研究，2019（1）.

［3］ 雷虎强.社会主要矛盾变化视阈下高校青年教师职业发展保障机制构建研究［J］.福建师范大学学报（哲学社会科学版），2019（1）.

［4］ 罗英姿，张佳乐.我国毕业博士职业选择与发展影响因素的实证研究——以涉农学科为例［J］.高等教育研究，2018，39（11）.

［5］ 雷炜.高校青年教师专业发展特征、现状及策略［J］.教育理论与实践，2018，38（24）.

［6］ 王佳鹏.当前青年学者的精神追求与文明使命［J］.当代青年研究，2018（3）.

［7］ 闫丽雯，周海涛."双一流"建设下高校"挖人"的制度性动因［J］.江苏高教，2017（8）.

［8］ 刘尧.以"帽"取人的人才政策效应何以遏制——从教育部发布的《长江学者奖励计划管理办法》谈起［J］.上海教育评估研究，2018，7（6）.

［9］ 萧鸣政，唐秀锋.哲学社会科学人才如何评价——基于长江学者成长影响因素的实证研究［J］.行政论坛，2018，25（5）.

［10］ 李潇潇，左玥，沈文钦.谁获得了精英大学的教职——基于北大、清华2011—2017年新任教师的履历分析［J］.中国高教研究，2018（8）.

［11］ 徐凤辉，王俊.中国高层次青年人才项目实施现状分析［J］.中国青年研究，2018（7）.

［12］ 朱珠，黄燕，彭莉萍，等.高校人力资源管理存在的问题与对策探析［J］.现代营销（下旬刊），2018（5）.

［13］ 张星久.论学术规范与人文社会科学研究的"中国话语"构

建［J］.武汉大学学报（哲学社会科学版），2018，71（4）.

［14］ 李志峰，汪洋.世界一流大学教师队伍的结构与分类管理逻辑——以MIT为案例［J］.教师教育研究，2018，30（1）.

［15］ 刘梅，王子佳，林盈，等.关于加强青年学者资助政策的研究——基于青年学者和高层次人才的问卷调查统计结果分析［J］.科技管理研究，2017，37（21）.

［16］ 刘涛.博士后制度创新驱动下的高校青年人才队伍开发路径［J］.现代管理科学，2018（1）.

［17］ 王光菊，李阳芳，李文灿.中美博士生培养质量影响因素比较分析［J］.中国高校科技，2017（12）.

［18］ 刘忠范.中文科技期刊的独特使命——谈中文科技期刊的发展［J］.科技导报，2017，35（21）.

［19］ 郑水泉."双一流"建设与高校人文社会科学创新发展之路［J］.北京教育（德育），2017（Z1）.

［20］ 朱宁波，曹茂甲.我国高校青年教师培养政策的文本分析［J］.教育科学，2017，33（4）.

［21］ 刘军仪，杨春梅.人力资本视角下中美高校教师薪酬制度的比较研究［J］.高教探索，2017（7）.

［22］ 孙绪敏.高校青年人才绩效评价的困境与突破［J］.黑龙江高教研究，2017（3）.

［23］ 杨兴林.高校教师职务晋升科研评价条件探析［J］.江苏高教，2017（1）.

［24］ 王思豫.美国高校教师队伍建设及其启示［J］.教育探索，2017（1）.

［25］高岱.人文学科的重要性不可忽视［J］.史学理论与史学史学刊，2017，16（1）.

［26］陈橄榄.普通高校专任教师队伍结构优化研究——基于2005—2014年教育统计的量化分析［J］.现代教育科学，2016（12）.

［27］张胤，武丽民.跨越职业生涯的高校教师发展——美国高校教师发展服务体系［J］.比较教育研究，2016，38（12）.

［28］孙榆婷，杜在超，赵国昌，等.出国镀金，回国高薪?［J］.金融研究，2016（11）.

［29］张学见.文科长江学者群体特征简论［J］.江汉论坛，2016（10）.

［30］王学典.把中国“中国化”——人文社会科学的转型之路［N］.中华读书报，2016-09-21.

［31］王萍，李俊.探析高校女教师职业发展的现实困境与破解路径［J］.山西高等学校社会科学学报，2016，28（8）.

［32］季卫兵.论高校青年教师自我认同的价值维度［J］.教育评论，2016（7）.

［33］张青根，沈红.出国进修如何影响高校教师收入?——基于“2014中国大学教师调查”的分析［J］.教育与经济，2016（4）.

［34］沈红.中国大学教师发展状况——基于“2014中国大学教师调查”的分析［J］.高等教育研究，2016，37（2）.

［35］刘浏，王东波.国家社会科学基金资助项目统计分析研究——以民族学为例［J］.西南民族大学学报（人文社科版），2016，37（2）.

［36］周光礼，武建鑫.什么是世界一流学科［J］.中国高教研究，

2016（1）.

［37］刘萍，胡月英.中美高校青年教师发展机制比较研究［J］.中国青年研究，2016（1）.

［38］朱连虹.我国高校新入职教师培训的现状分析［J］.吉林省教育学院学报，2016，32（1）.

［39］包水梅.美国学术型博士生课程建设的特征与路径研究［J］.高校教育管理，2016，10（1）.

［40］马万华，温剑波.高校教师出国进修效益分析——基于首都高校教师的问卷调查［J］.清华大学教育研究，2016，37（1）.

［41］黄维，张连，杨文婷.教育学博士学位获得者中师承效应的量化研究——基于历届高校科学研究优秀成果奖（人文社会科学）教育学获奖者的同期群分析［J］.中国高教研究，2015（12）.

［42］仲伟民.量化评价扼杀人文学术——关于人文学科学术期刊的评价问题［C］//华文学术期刊发展趋势国际研讨会.北京：社会科学文献出版社，2015.

［43］熊华军，李倩.美国大学博士生教学能力培养机制及其启示［J］.现代大学教育，2015（3）.

［44］郭城.当前高校青年教师“难出国”归因分析及改进策略［J］.江苏高教，2015（2）.

［45］于畅.基于分类管理的高校教师考核评价机制［J］.沈阳师范大学学报（社会科学版），2015，（2）.

［46］朱剑.科研体制与学术评价之关系——从“学术乱象”根源问题说起［J］.清华大学学报（哲学社会科学版），2015，30（1）.

［47］孟莉，杜卉卉.高校青年教师的生存境遇研究［J］.煤炭高

等教育，2015，33（1）.

［48］王若梅.大学人才引进庸俗化之批判［J］.江苏高教，2015（1）.

［49］熊华军，刘兴华.美国高校青年教师教学能力发展机制及其启示［J］.比较教育研究，2015，37（1）.

［50］陈平原.内地/香港互参：中国大学的独立与自信［J］.探索与争鸣，2014（9）.

［51］孙早，刘坤.海归人才促进还是抑制了本土人才水平的提高？——来自中国高等学校的经验证据［J］.经济科学，2014（1）.

［52］卫欢欢.对进一步完善我国一级学科评估的思考［J］.中国电子教育，2014（1）.

［53］吴帅.人才国际流动的激励模型及政策优化研究——基于我国10个地区的实证分析［J］.中国青年研究，2013（1）.

［54］张蓉，洪明.美国教师专业发展的困境与出路——首届“国际教师职业峰会”的背景和他国成功经验［J］.集美大学学报（教育科学版），2013，14（1）.

［55］叶延禄.国际视阈下我国人才引进存在的问题分析与思考［J］.科技管理研究，2012，32（13）.

［56］谢红梅，徐小军，吴丹青.高校归国青年教师生涯发展状况分析［J］.当代青年研究，2012（10）.

［57］廉思.我国高校青年教师社会不公平感研究［J］.中国青年研究，2012（9）.

［58］司江伟，孟晓娟.海外人才与本土人才的协调共生机制构建探索［J］.当代经济管理，2012，（8）.

[59] 陈平原.高校青年教师的处境及出路——答廉思研究团队问[J].社会科学论坛，2012（6）.

[60] 于海燕，张海娟.世界一流大学师资国际化过程分析[J].高教探索，2012（3）.

[61] 陈伟.“从身份到契约”：学术职业的变化趋势及其反思[J].高等教育研究，2012，33（4）.

[62] 陈红敏，赵雷，倪士光.高校优秀青年教师胜任能力特征[J].中国青年研究，2012（4）.

[63] DEE F L.The first year of college teaching [J].New Directions for Teaching and Learning 1984.

[64] 赵雪，王益.高校青年教师职业倦怠与对策研究[J].中国成人教育，2011（18）.

[65] 孔凡胜.高校青年教师群体特征的多维解读[J].中国青年研究，2011（8）.

[66] 韦雪艳，纪志成，周萍，等.高校青年教师教学能力影响因素与提高措施实证研究[J].现代教育管理，2011（7）.

[67] 周传胜，刘军峰.“质量工程”反哺青年教师培养初探[J].高等教育研究，2011，32（5）.

[68] 王立.美国大学教师发展理念的演变与启示[J].中国高教研究，2011（2）.

[69] 赵恒平，闵剑.高校教师核心竞争力及其评价[J].武汉理工大学学报，2010，32（23）.

[70] 伍尚海.高校青年教师职业价值观研究——基于广西五所高校的问卷调查[J].中国成人教育，2010（12）.

[71] 赵卫华.海归博士与本土博士职业成就比较——基于全国博士质量调查的统计分析[J].中国高教研究，2010（11）.

[72] 周勇，郭根荣.我国高等院校青年教师培养模式研究[J].继续教育研究，2010（8）.

[73] 郭平，杨越.高校青年教师职业生涯发展现状与对策研究[J].中国青年研究，2010（7）.

[74] 黄萍，赵冰.中国大陆及香港地区学者国际期刊英语论文发表之对比研究[J].外语与外语教学，2010（5）.

[75] 刘昕，刘颖，董克用.破解“城管困境”的战略性人力资源管理视角——基于对北京城市管理综合执法队伍的调查研究[J].公共管理学报，2010，7（2）.

[76] 司林波.高校青年人才生存现状与隐性流动状态调查研究——基于秦皇岛13所高校的实证分析[J].理工高教研究，2010，29（2）.

[77] 钱伟，赵晶.高校青年教师职业压力形成的原因与对策[J].教育探索，2010（2）.

[78] 陈洪捷.知识生产模式的转变与博士质量的危机[J].高等教育研究，2010，31（1）.

[79] 马晓娜.高校青年教师生存状态的调查与分析——制度的视角[J].化工高等教育2010，27（1）.

[80] YAKOBOSKI P. Retirement confidence on campus：the 2010 higher education retirement confidence survey[J]. Trends and Issues，2010.

[81] 贾建锋，付永良，孙年华.知识型员工胜任特征模型研究的

总体框架［J］.科学学与科学技术管理，2009，30（8）.

［82］ 李丽.发达国家吸引海外高端科技人才策略引发的思考［J］.未来与发展，2009（7）.

［83］ 周杰，孙江丽，李昌祖.基于成长性需求的高校青年教师激励机制研究［J］.教育探索，2009（6）.

［84］ 吴兰平.高等学校教师核心竞争力形成的学术生态［J］.大连理工大学学报（社会科学版），2009，30（2）.

［85］ 朱景坤.核心竞争力视角下的高校教师人力资源管理创新［J］.徐州师范大学学报（哲学社会科学版），2009，35（4）.

［86］ 黄厚南.高校教师核心竞争力的提升对策研究［J］.广西民族大学学报（哲学社会科学版），2009，31（2）.

［87］ 葛晨光.新形势下高校青年教师师德存在的问题与对策［J］.黑龙江高教研究，2009（2）.

［88］ 孙站成，傅裕贵，许炎生.高校青年教师科研项目执行过程中存在的问题及对策［J］.科技管理研究，2009，29（2）.

［89］ 欧阳锋.科学中的积累优势理论——默顿及其学派的探究［J］.厦门大学学报（哲学社会科学版），2009（1）.

［90］ 祝虹.高校人力资源开发中的问题和对策研究［J］.现代管理科学，2008（12）.

［91］ 代文彬，纪巍.高校青年教师科研创新能力开发的管理途径探析［J］.科技管理研究，2008（3）.

［92］ 瞿振元，韩晓燕，韩振海，等.高校如何成为拔尖创新人才培养的基地——从年轻院士当年的高等教育经历谈起［J］.中国高教研究，2008（2）.

［93］刘瑞贤. 高校青年教师成长道路与特点［J］. 中国高等教育，2008（2）.

［94］陈万思. 海外人才引进热背后的冷思考［J］. 中国人才，2005（23）.

［95］陈国信. 高校人力资源开发与青年教师培训创新实践［J］. 社会科学家，2005（S1）.

［96］党生翠. 美国标准能成为中国人文社科成果的最高评价标准吗？——以SSCI为例［J］. 社会科学论坛，2005（4）.

［97］张正堂，刘宁. 战略性人力资源管理及其理论基础［J］. 财经问题研究，2005（1）.

［98］陈先达. 哲学社会科学的作用和学者的责任［J］. 中国社会科学，2004（4）.

［99］秦仪."海归派"人才与"本土派"人才［J］. 中国人才，2002（9）.

［100］刘云 沈林. 海外人才资源开发利用的现状及发展对策［J］. 科研管理，2001（4）.

［101］ASTIN A W.Student involvement：a developmental theory for higher education［J］.Journal of College Student Development，1984，40（5）.